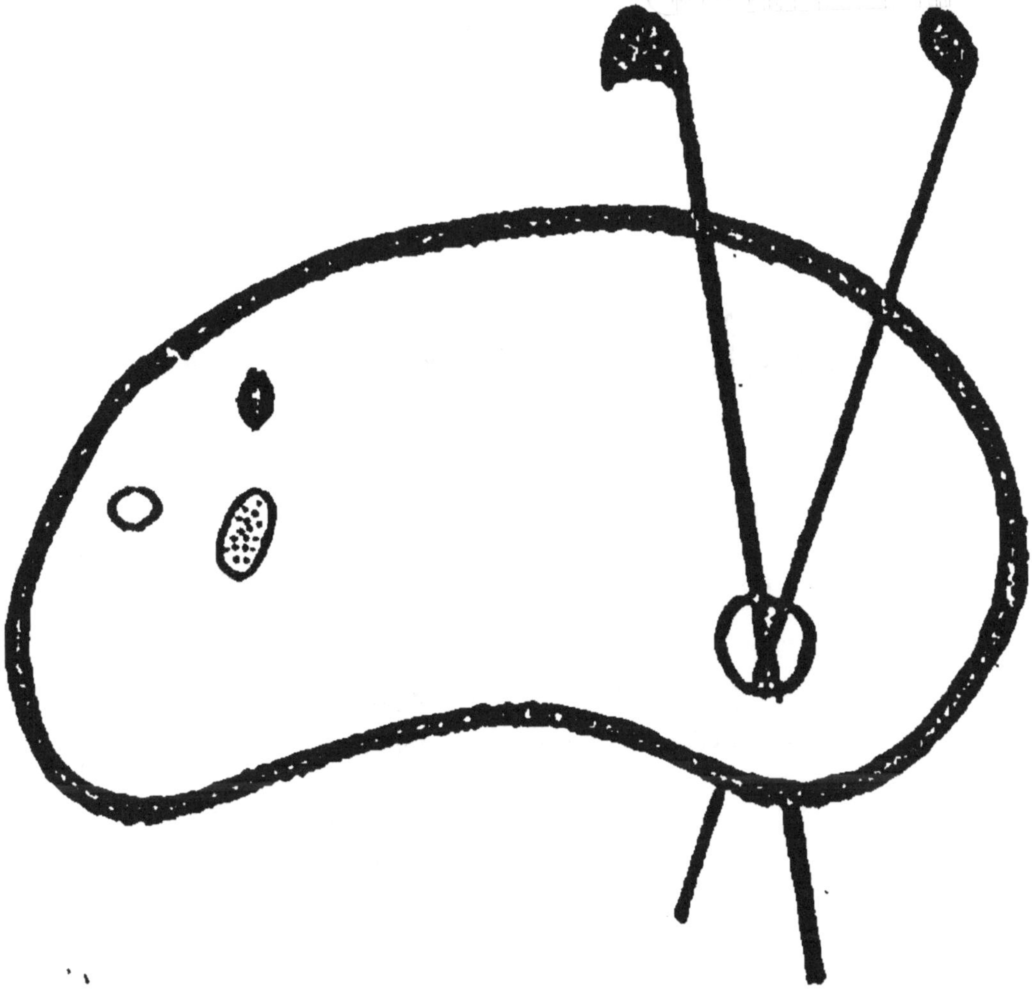

COUVERTURE SUPERIEURE ET INFERIEURE
EN COULEUR

BIBLIOTHÈQUE
DE PHILOSOPHIE CONTEMPORAINE

ESSAI
SUR LE
LIBRE ARBITRE

PAR

ARTHUR SCHOPENHAUER

TRADUIT EN FRANÇAIS POUR LA PREMIÈRE FOIS

ET ANNOTÉ

Par Salomon Reinach

Ancien élève de l'École normale supérieure.

> La liberté est un mystère.
> MALEBRANCHE.

TROISIÈME ÉDITION

PARIS
ANCIENNE LIBRAIRIE GERMER BAILLIÈRE ET Cie
FÉLIX ALCAN, ÉDITEUR
108, BOULEVARD SAINT-GERMAIN, 108

1886

BIBLIOTHÈQUE DE PHILOSOPHIE CONTEMPORAINE
Volumes in-18 brochés à 2 fr. 50 c.

H. Taine.
L'idéalisme anglais.
Philos. de l'art dans les Pays-Bas, 2ᵉ édit.
Philos. de l'art en Grèce, 2ᵉ éd.

Paul Janet.
Le Matérialisme contemp. 4ᵉ éd.
La Crise philosophique.
Philos. de la Rév. française. 3ᵉ éd.
St-Simon et le St-Simonisme.
Spinoza: Dieu, l'homme.
Les origines du socialisme contemporain. 4ᵉ édit.

Odysse Barrot.
Philosophie de l'histoire.

Alaux.
Philosophie de M. Cousin.

Ad. Franck.
Philos. du droit pénal.
Rapports de la religion et de l'État. 2ᵉ éd.
Philosophie mystique au XVIIIᵉ siècle.

E. Saisset.
L'âme et la vie.
Critique et histoire de la philosophie.

Charles Lévêque.
Le Spiritualisme dans l'art.
La Science de l'invisible.

Auguste Laugel.
Les Problèmes de la nature.
Les Problèmes de la vie.
Les Problèmes de l'âme.
La Voix, l'Oreille et la Musique.
L'Optique et les Arts.

Challemel-Lacour.
La Philos. individualiste.

Charles de Rémusat.
Philosophie religieuse.

Albert Lemoine.
Le Vital et l'Anim. de Stahl.
De la Physion. et de la Parole.
L'Habitude et l'Instinct.

Milsand.
L'Esthétique anglaise.

A. Véra.
Essais de Philos. hégélienne.

Beaussire.
Antécéd. de l'hégélianisme.

Bost.
Le Protestantisme libéral.

Ed. Auber.
Philosophie de la Médecine.

Leblais.
Matérialisme et spiritualisme

Ad. Garnier.
De la morale dans l'antiquité.

Schœbel.
Philos. de la raison pure.

Ath. Coquerel fils.
Transf. du christianisme.
La Conscience et la Foi.
Histoire du Credo.

Jules Levallois.
Déisme et Christianisme.

Camille Selden.
La Musique en Allemagne.

Fontanès.
Le Christianisme moderne.

Saigey.
La Physique moderne. 2ᵉ tir.

Mariano.
La Philos. contemp. en Italie.

E. Faivre.
De la variabilité des espèces.

J. Stuart Mill.
Auguste Comte. 2ᵉ éd.
L'utilitarisme.

Ernest Bersot.
Libre philosophie.

Albert Réville.
La divinité de Jésus-Christ. 2ᵉ éd.

W. de Fonvielle.
L'astronomie moderne.

C. Coignet.
La morale indépendante.

E. Boutmy.
Philosophie de l'architecture en Grèce.

E. Vacherot.
La Science et la Conscience.

Em. de Laveleye.
Des formes de gouvernement.

Herbert Spencer.
Classification des sciences. 2ᵉ édit.
L'individu contre l'État.

Max Muller.
La science de la religion.

Ph. Gauckler.
Le Beau et son histoire.

Bertauld.
L'ordre social et l'ordre moral.
Philosophie sociale.

Th. Ribot.
La Philos. de Schopenhauer. 2ᵉ éd.
Les Mal. de la mémoire.
Les Mal. de la volonté.
Les Maladies de la personn.

Bentham et Grot
La Religion naturelle.

Hartmann (E. d
La Religion de l'avenir.
Le Darwinisme. 3ᵉ édit

Lotze (H.).
Psychologie physiolog 2ᵉ édition.

Schopenhauer.
Essai sur le libre arbitre.
Fond. de la morale. 2
Pensées et fragments.

L. Liard.
Logiciens angl. contem.

H. Marion.
Locke, sa vie et ses œ

O. Schmidt.
Les sciences naturell l'Inconscient.

Hæckel.
Les preuves du transfor
La psychologie cellul

Pi y Margall.
Les nationalités.

Barthélemy St-Hil
De la métaphysique.

Espinas.
Philos. expérim. en It

Siciliani.
Psychogénie moderne.

Leopardi.
Opuscules et Pensées.

A. Lévy
Morceaux choisis des sophes allemands.

Roisel.
De la substance.

Zeller.
Christian Baur et l'Éc Tubingue.

Stricker.
Le langage et la musiq

Ad. Coste.
Conditions sociales d heur et de la force.

A. Binet.
La psychologie du rai ment.

G. Ballet.
Le langage intérieur.

Coulommiers. — Imp. P. BRODARD et GALLOIS.

ESSAI

SUR

LE LIBRE ARBITRE

A LA MÊME LIBRAIRIE

La philosophie de Schopenhauer, par Th. Ribot, 1 vol. in-18, 2ᵉ édition. . . . . 2 fr. 50

AUTRES OUVRAGES DE SCHOPENHAUER

Le fondement de la morale, traduit par A. Burdeau. 1 vol. in-12, 2ᵉ édition. . . . . 2 fr. 50

Pensées et fragments, traduit par L. Bourdeau et précédé d'une notice sur Schopenhauer. 1 vol. in-12, 5ᵉ édit. 2 fr. 50

Aphorismes sur la sagesse dans la vie, traduit par M. Cantacuzène, 1 vol. in-8º, 2ᵉ édition. . . . . 5 fr.

De la quadruple racine du principe de la raison suffisante, suivi d'une histoire de la *Doctrine de l'idéal et du réel*, traduit par M. Cantacuzène. 1 vol. in-8º. . . . . 5 fr.

Le monde comme volonté et représentation, traduit par M. A. Burdeau. 2 vol. in-8º. (*Sous presse.*)

AUTRES TRAVAUX DE M. SALOMON REINACH

Manuel de philologie classique. 2 vol. in-8º. 2º édition. Hachette, 1883-84.

Catalogue du musée impérial de Constantinople. In-8º. Constantinople, à la direction du Musée, 1882.

Notice biographique sur Charles-Joseph Tissot, ambassadeur de France. In-8º. Klincksieck, 1885.

Traité d'épigraphie grecque. In-8º. Leroux, 1885.

Grammaire latine. In-8º. Delagrave, 1885.

Coulommiers. — Imp. P. Brodard et Gallois.

ESSAI
SUR LE
LIBRE ARBITRE

PAR

ARTHUR SCHOPENHAUER

TRADUIT EN FRANÇAIS POUR LA PREMIÈRE FOIS

ET ANNOTÉ

Par Salomon Reinach
Ancien élève de l'École normale supérieure.

> La liberté est un mystère.
> MALEBRANCHE.

TROISIÈME ÉDITION

PARIS

ANCIENNE LIBRAIRIE GERMER BAILLIÈRE ET Cⁱᵉ

FÉLIX ALCAN, ÉDITEUR

108, BOULEVARD SAINT-GERMAIN, 108

—

1886

Tous droits réservés

AVERTISSEMENT

La dissertation dont nous donnons aujourd'hui la traduction fut écrite en 1838, à l'occasion d'un concours ouvert par l'Académie de Norvége [1]. Elle fait partie de l'*Éthique* de Schopenhauer, qui contient en outre une longue exposition des principes de sa morale. La dernière édition est précédée de deux préfaces, dirigées en grande partie contre l'Académie de Danemark, qui n'avait pas couronné cette se-

---

1. Voici l'énoncé de la question mise au concours par l'Académie Royale de Norvége : « *Num liberum hominum arbitrium e sui ipsius conscientiâ demonstrari potest?* » En français : « Le libre arbitre peut-il être démontré par le témoignage de la conscience ? » Le prix fut décerné à la dissertation de Schopenhauer (*à Trondhiem, le 20 Janvier 1839*).

conde dissertation, et avait reproché assez vertement à l'auteur son intempérance de langage à l'égard de Fichte et de Hegel. (*Plures recentioris ætatis summos philosophos tam indecenter commemoravit, ut justam et gravem offensionem habeat.*) Nous n'avons pas jugé utile de reproduire ces œuvres de polémique ; mais nous extrayons de la seconde préface les lignes suivantes, datées du mois d'août 1860, et qui sont significatives :

« J'ai fini par m'ouvrir une voie en dépit de la résistance de tous les professeurs de philosophie pendant de longues années conjurés contre moi, et les yeux du public éclairé s'ouvrent de plus en plus sur le compte des *summi philosophi* de l'Académie de Danemark. Si, pour quelque temps encore peut-être, de malheureux professeurs de philosophie qui se sont depuis longtemps compromis avec eux soutiennent leur drapeau avec des forces défaillantes, ils sont cependant bien tombés dans l'estime publique, et Hegel notamment s'achemine à grands pas vers le mépris réservé à son nom auprès de la postérité.... Que nos professeurs de philosophie allemands aient considéré le contenu des dissertations que je réimprime ici comme ne méritant aucuns égards, bien loin qu'elles soient dignes d'un examen sérieux, c'est ce que j'ai déjà reconnu ailleurs [1], et cela va du reste de soi. Comment donc de hauts esprits de cette nature devraient-ils faire attention à ce que de petites gens comme moi écrivent? De petites gens, sur lesquels, dans leurs écrits, ils daignent à peine jeter en passant et de haut en bas un regard de

---

1. « Le seul talent de ces gens-là (les professeurs de philosophie), et leur arme unique contre la vérité et le talent, c'est de se taire, de ne pas desserrer les dents. Dans aucune de leurs innombrables et inutiles productions publiées depuis 1841, il n'y a un seul mot consacré à mon *Éthique*, quoiqu'elle soit sans contredit ce qui s'est fait de plus important en morale dans ces soixante dernières années... *Zitto, Zitto,* pour que le public ne s'aperçoive de rien, telle est, et telle reste toute leur politique. La pitoyable peur qu'ils ont de mes écrits n'est que leur crainte de la vérité. » (*Dissertation sur la Quadruple Racine du Principe de Raison Suffisante*, 3ᵉ édition, 1875). Ailleurs, dans le même ouvrage, Schopenhauer s'exprime avec une confiance dont témoigne déjà l'épigraphe de l'Éthique : Μεγάλη ἡ ἀλήθεια, καὶ ὑπερισχύει. « Le lecteur qui ne s'intéresse point à la chose peut, s'il le veut, laisser passer intact à ses petits-fils ce livre, comme tout le reste de mes écrits. Moi, je m'en soucie peu : *car je ne suis pas là pour une seule génération, mais pour un grand nombre.* » Et plus loin : « Les professeurs de philosophie ne veulent rien apprendre de moi, et ne reconnaissent point combien de choses j'aurais à leur enseigner : à savoir, tout ce que leurs enfants, petits-enfants et arrière-petits-enfants apprendront de moi un jour. »

mépris et de blâme ! Oui, ce que je produis ne les regarde pas : qu'ils restent cloîtrés dans leur libre arbitre et dans leur loi morale.... car ce sont là, ils le savent bien, des articles de foi.... Aussi méritent-ils tous d'être créés d'un seul coup membres de l'Académie de Danemark. »

ESSAI

SUR LE

LIBRE ARBITRE

CHAPITRE PREMIER

DÉFINITIONS.

Dans une question aussi importante, aussi sérieuse et aussi difficile, qui rentre en réalité dans un problème capital de la philosophie moderne et contemporaine, on conçoit la nécessité d'une exactitude minutieuse, et, à cet effet, d'une analyse des notions fondamentales sur lesquelles roulera la discussion.

1° QU'ENTEND-ON PAR LA LIBERTÉ ?

Le concept de la liberté, à le considérer exactement, est négatif. Nous ne nous représentons par là que l'absence de tout empêchement et de tout obstacle : or, tout obstacle étant une manifestation de la force, doit répondre à une notion positive. Le concept de la liberté peut être considéré sous trois aspects fort différents, d'où trois genres de *libertés* correspondant aux diverses manières d'être que peut affecter l'obstacle : ce sont la liberté physique, la liberté intellectuelle, et la liberté morale.

1° La *liberté physique* consiste dans l'absence d'obstacles matériels de toute nature. C'est en ce sens que l'on dit : un ciel *libre* (sans nuages), un horizon *libre*, l'air *libre* (le grand air), l'électricité *libre*, le *libre* cours d'un fleuve (lorsqu'il n'est plus entravé par des montagnes ou des écluses), etc..... [1] Mais le plus souvent, dans notre pensée, l'idée de la liberté est l'attribut des êtres du règne animal, dont le caractère particulier est que leurs mouvements émanent de leur volonté, qu'ils sont, comme on dit, *volontaires*, et on les appelle *libres* lorsqu'aucun obstacle matériel ne s'oppose à leur accomplissement. Or, remarquons que ces obstacles peuvent être d'espèces très-diverses, tandis que la puissance dont ils empêchent l'exercice est tou-

---

1. Schopenhauer cite encore quelques autres expressions, qui sont de purs germanismes. Ainsi les Allemands disent une *lettre libre*, pour signifier une *lettre affranchie* Nous laissons de côté ce qui est intraduisible.

jours identique à elle-même, à savoir la volonté ; c'est par cette raison, et pour plus de simplicité, que l'on préfère considérer la liberté au point de vue positif. On entend donc par le mot *libre* la qualité de tout être qui se meut par sa volonté seule, et qui n'agit que conformément à elle, — interversion qui ne change rien d'ailleurs à l'essence de la notion. Dans cette acception toute physique de la liberté, on dira donc que les hommes et les animaux sont *libres* lorsque ni chaînes, ni entraves, ni infirmité, ni obstacle physique ou matériel d'aucune sorte ne s'oppose à leurs actions, mais que celles-ci, au contraire, s'accomplissent suivant leur volonté.

Cette acception physique de la liberté, considérée surtout comme l'attribut du règne animal, en est l'acception originelle, immédiate, et aussi la plus usuelle ; or, envisagée à ce point de vue, la liberté ne saurait être soumise à aucune espèce de doute ni de controverse, parce que l'expérience de chaque instant peut nous en affirmer la réalité. Aussitôt, en effet, qu'un animal n'agit que par sa volonté propre, on dit qu'il est *libre* dans cette acception du mot, sans tenir aucun compte des autres influences qui peuvent s'exercer sur sa volonté elle-même. Car l'idée de la liberté, dans cette signification populaire que nous venons de préciser, implique simplement la *puissance d'agir*, c'est-à-dire l'absence d'obstacles physiques capables d'entraver les actes. C'est en ce sens que l'on dit : l'oiseau vole *librement* dans l'air, les bêtes sauvages errent *libres* dans les forêts, la nature a créé l'homme *libre*, l'homme *libre* seul est heureux. On dit aussi qu'un peuple est *libre*, lorsqu'il n'est gouverné que par des lois dont il est lui-même l'auteur : car alors il n'obéit jamais qu'à sa propre volonté. La liberté politique doit, par conséquent, être rattachée à la liberté physique.

Mais dès que nous détournons les yeux de cette liberté physique pour considérer la liberté sous ses deux autres formes, ce n'est plus avec une acception populaire du mot, mais avec un concept tout philosophique que nous avons à faire, et ce concept, comme on sait, ouvre la voie à de nombreuses difficultés. Il faut distinguer en effet, en dehors de la liberté physique, deux espèces de libertés tout à fait différentes, à savoir : la liberté intellectuelle et la liberté morale.

2° La *liberté intellectuelle* — ce qu'Aristote entend par τὸ ἑκούσιον καὶ ἀκούσιον κατὰ διάνοιαν (le volontaire et le non-volontaire réfléchis) — n'est prise en considération ici qu'afin de présenter la liste complète des subdivisions de l'idée de la liberté : je me permets donc d'en rejeter l'examen jusqu'à la fin de ce travail, lorsque le lecteur sera familiarisé par ce qui précède avec les idées qu'elle implique, en sorte que je puisse la traiter d'une façon sommaire. Mais puisqu'elle se rapproche le plus par sa nature de la liberté physique, il a fallu, dans cette énumération, lui accorder la seconde place, comme plus voisine de celle-ci que la liberté morale.

3° J'aborderai donc tout de suite l'examen de la troisième espèce de liberté, la *liberté morale*, qui constitue, à proprement parler, le *libre arbitre*, sur lequel roule la question de l'Académie Royale.

Cette notion se rattache par un côté à celle de la liberté physique, et c'est ce lien qui existe entre elles qui rend compte de la naissance de cette dernière idée, dérivée de la première, à laquelle elle est nécessairement très-postérieure. La liberté physique, comme il a été dit, ne se rapporte qu'aux obstacles matériels, et l'absence de ces obstacles suffit immédiatement pour la constituer. Mais bientôt on observa, en maintes circonstances, qu'un homme, sans être empêché par des obstacles matériels, était détourné d'une action à laquelle sa volonté se serait certainement déterminée en tout autre cas, par de simples motifs, comme par exemple des menaces, des promesses, la perspective de dangers à courir, etc. On se demanda donc si un homme soumis à une telle influence était encore *libre*, ou si véritablement un motif contraire d'une force suffisante pouvait, aussi bien qu'un obstacle physique, rendre impossible une action conforme à sa volonté. La réponse à une pareille question ne pouvait pas offrir de difficulté au sens commun : il était clair que jamais un motif ne saurait agir comme une force physique, car tandis qu'une force physique, supposée assez grande, peut facilement surmonter d'une manière irrésistible la force-corporelle de l'homme, un motif, au contraire, n'est jamais irrésistible en lui-même, et ne saurait être doué d'une force absolue[1]. On conçoit, en effet, qu'il soit toujours possible de le contrebalancer par un motif opposé plus fort, pourvu qu'un pareil motif soit disponible, et que l'individu en question puisse être déterminé par lui. Pour preuve, ne voyons-nous pas que le plus puissant de tous les motifs dans l'ordre naturel, l'amour inné de la vie, paraît dans certains cas inférieur à d'autres, comme cela a lieu dans le suicide, ainsi que dans les exemples de dévouements, de sacrifices, ou d'attachements inébranlables à des opinions, etc.; — réciproquement, l'expérience nous apprend que les tortures les plus raffinées et les plus intenses ont parfois été surmontées par cette seule pensée, que la conservation de la vie était à ce prix. Mais quand même il serait démontré ainsi que les motifs ne

---

1. *Unbedingt*, inconditionnée.

portent avec eux aucune contrainte objective et absolue, on pourrait cependant leur attribuer une influence subjective et relative, exercée sur la personne en question : ce qui finalement reviendrait au même [1]. Par suite, le problème suivant restait toujours à résoudre : La volonté elle-même est-elle libre ? — Donc la notion de la liberté, qu'on n'avait conçue jusqu'alors qu'au point de vue de la *puissance d'agir*, se trouvait maintenant envisagée au point de la vue de la *puissance de vouloir*, et un nouveau problème se présentait : le *vouloir* lui-même est-il libre ? — La définition populaire de la liberté (physique) peut-elle embrasser en même temps cette seconde face de la question ? C'est ce qu'un examen attentif ne nous permet point d'admettre. Car, d'après cette première définition, le mot *libre* signifie simplement « conforme à la volonté » : dès lors, demander si la volonté elle-même est libre, c'est demander si la volonté est conforme à la volonté, ce qui va de soi, mais ne résout rien. Le concept empirique de la liberté nous autorise à dire : « Je suis libre, si je peux *faire* ce que je *veux* ; mais ces mots « *ce que je veux* » présupposent déjà l'existence de la liberté morale. Or c'est précisément la *liberté du vouloir* qui est maintenant en question, et il

---

[1]. C'est-à-dire, supprimerait partiellement la liberté.

faudrait en conséquence que le problème se posât comme il suit : « *Peux-tu aussi vouloir ce que tu veux?* » — ce qui ferait présumer que toute volition dépendît encore d'une volition antécédente. Admettons que l'on répondît par l'affirmative à cette question : aussitôt il s'en présenterait une autre : « Peux tu aussi vouloir ce que tu veux vouloir? » et l'on irait ainsi indéfiniment en remontant toujours la série des volitions, et en considérant chacune d'elles comme dépendante d'une volition antérieure et placée plus haut, sans jamais parvenir sur cette voie à une volition primitive, susceptible d'être considérée comme exempte de toute relation et de toute dépendance. Si, d'autre part, la nécessité de trouver un point fixe [1] nous faisait admettre une pareille volition, nous pourrions, avec autant de raison, choisir pour volition libre et inconditionnée la première de la série, que celle même dont il s'agit, ce qui ramènerait la question à cette autre fort simple : « *Peux-tu vouloir?* » Suffit-il de répondre affirmativement pour trancher le problème du libre arbitre? Mais c'est là précisément ce qui est en question, et ce qui reste indécis. Il est donc impossible d'établir une connexion directe entre le concept originel et empirique de la liberté,

---

1. C'est l'ἀνάγκη στῆναι. Kant et Schopenhauer ont considéré cette première volition libre comme *extemporelle.* — V. le dernier chapitre.

qui ne se rapporte qu'à la puissance d'agir, et le concept du libre arbitre, qui se rapporte uniquement à la puissance de vouloir. C'est pourquoi il a fallu, afin de pouvoir néanmoins étendre à la volonté le concept général de la liberté, lui faire subir une modification qui le rendît plus abstrait. Ce but fut atteint, en faisant consister la liberté dans la simple *absence de toute force nécessitante*. Par ce moyen, cette notion conserve le caractère négatif que je lui ai reconnu dès le commencement. Ce qu'il faut donc étudier sans plus de retard, c'est le concept de la *Nécessité*, en tant que concept positif indispensable pour établir la signification du concept négatif de la liberté.

Qu'entend-on par *nécessaire ?* La définition ordinaire : « On appelle *nécessaire* ce dont le contraire est impossible, ou ce qui ne peut être autrement, » est une simple explication de mots, une périphrase de l'expression à définir, qui n'augmente en rien nos connaissances à son sujet. En voici, selon moi, la seule définition véritable et complète : « On entend par *nécessaire* tout ce qui résulte d'une raison suffisante donnée », définition qui, comme toute définition juste, peut aussi être retournée. Or, selon que cette raison suffisante appartient à l'ordre logique, à l'ordre mathématique, ou à l'ordre physique (en ce cas elle prend le nom de cause), la nécessité est dite logique (ex. : la conclusion d'un syllogisme, étant données les prémisses), — mathématique (l'égalité des côtés d'un triangle quand les angles sont égaux entre eux); ou bien physique et *réelle* (comme l'apparition de l'effet, aussitôt qu'intervient la cause) : mais, de quelque ordre de faits qu'il s'agisse, la nécessité de la conséquence est toujours absolue, lorsque la raison suffisante en est donnée. Ce n'est qu'autant que nous concevons une chose comme la conséquence d'une raison déterminée, que nous en reconnaissons la nécessité ; et inversement, aussitôt que nous reconnaissons qu'une chose découle à titre d'effet d'une raison suffisante connue, nous concevons qu'elle est nécessaire : car toutes les *raisons* sont nécessitantes. Cette explication est si adéquate et si complète, que les deux notions de *nécessité* et de *conséquence d'une raison donnée* sont des notions réciproques (*convertibles*), c'est-à-dire qu'elles peuvent être substituées l'une à l'autre. D'après ce qui précède, la *non-nécessité* (contingence) équivaudrait à l'absence d'une raison suffisante déterminée. On peut cependant concevoir l'idée de la contingence comme opposée à celle de la nécessité : mais il n'y a là qu'une difficulté apparente [1]. Car toute contingence n'est que

---

1. Schopenhauer se fait cette objection : Si l'idée de la *non-nécessité* est absurde et *impensable*, comment se

relative. Dans le monde réel, en effet, qui peut seul nous donner l'idée du hasard, chaque événement est nécessaire, par rapport à sa cause; mais il peut être contingent par rapport à tous les autres objets, entre lesquels et lui peuvent se produire des coïncidences fortuites dans l'espace et dans le temps. Il faudrait donc que la liberté, dont le caractère essentiel est l'absence de toute nécessitation, fût l'indépendance absolue à l'égard de toute cause, c'est-à-dire la contingence et le hasard absolus [1]. Or c'est là un concept souverainement problématique, qui peut-être ne saurait même pas être clairement pensé, et qui cependant, chose étrange à dire, se réduit identiquement à celui de la liberté. Quoi qu'il en soit, le mot *libre* signifie *ce qui n'est nécessaire sous aucun rapport*, c'est-à-dire ce qui est indépendant de toute raison suffi-

fait-il que nous concevions celle de la contingence? Il explique fort bien que les notions de contingence (non-solidarité entre les séries de causes), et de hasard absolu (absence de cause) ne sont pas identiques, et que la seconde seule est absurde.

1. Sur l'identité du hasard absolu et de la fatalité, voir le beau travail de M. Fouillée, *Liberté et Déterminisme*, chap. I. — Le hasard, entendu dans toute la rigueur du terme, ne peut être ni perçu, ni même conçu. *In mundo non est casus*, est une affirmation du sens commun, qui n'est qu'une expression un peu différente de celle du principe de causalité. Mais dans le langage vulgaire, la notion du hasard répond simplement à celle « de l'*indépendance* ou de la non-solidarité entre les diverses séries de causes. » (M. Cournot.) Cf. Stuart-Mill, *Logique*, et P. Janet, *Causes finales*, p. 24-27.

sante. Si un pareil attribut pouvait convenir à la volonté humaine, cela voudrait dire qu'une volonté individuelle, dans ses manifestations extérieures, n'est pas déterminée par des motifs, ni par des raisons d'aucune sorte, puisque autrement — la conséquence résultant d'une raison donnée, de quelque espèce qu'elle soit, intervenant toujours avec une nécessité absolue — ses actes ne seraient plus libres, mais nécessités. Tel était le fondement de la pensée de Kant, lorsqu'il définissait la liberté, « le pouvoir de commencer *de soi-même* une série de modifications. » Car ces mots « de soi-même, » ramenés à leur vraie signification, veulent dire « sans cause antécédente, » ce qui est identique à « sans nécessité. » De sorte que cette définition, bien qu'elle semble en apparence présenter le concept de la liberté comme un concept positif, permet à une observation plus attentive d'en mettre de nouveau en évidence la nature négative.

Une volonté libre, avons-nous dit, serait une volonté qui ne serait déterminée par aucune raison, c'est-à-dire par *rien*, puisque toute chose qui en détermine une autre est une raison ou une cause [1]; une volonté, dont les manifestations individuelles

---

1. Schopenhauer a distingué nettement la *raison* et la *cause* dans sa *Dissertation sur le Quadruple Principe*, etc. P. 7-22. Elles diffèrent comme le principe de raison suffisante diffère du principe de causalité. (V. Fouillée, *Phil. de Platon*, t. II, p. 468).

(volitions), jailliraient au hasard et sans sollicitation aucune, indépendamment de toute liaison causale et de toute règle logique. En présence d'une pareille notion, la clarté même de la pensée nous fait défaut, parce que le principe de raison suffisante, qui, sous tous les aspects qu'il revêt, est la forme essentielle de notre entendement, doit être répudié ici, si nous voulons nous élever à l'idée de la liberté absolue. Toutefois il ne manque pas d'un terme technique (*terminus technicus ad hoc*) pour désigner cette notion si obscure et si difficile à concevoir : on l'appelle liberté d'indifférence[1] (*liberum arbitrium indifferentiæ*). D'ailleurs, de cet ensemble d'idées qui constituent le libre arbitre, celle-ci est la seule qui soit du moins clairement définie et bien déterminée ; aussi ne

---

1. L'expression de liberté d'indifférence a dans la langue philosophique moderne deux sens qu'il faut distinguer. Le premier répond à la doctrine (généralement abandonnée aujourd'hui) qui refuse aux motifs toute influence quelle qu'elle soit sur les déterminations d'une volonté parfaite : appliquée à la volonté divine par Duns Scot, elle a conduit à la théorie fameuse du *décret absolu* (Crusius), combattue par Malebranche malgré l'autorité de Descartes. Le second désigne cette prétendue liberté, sur laquelle ont tant insisté Reid et ses successeurs, grâce à laquelle nous nous déterminons actuellement, *sans motifs*, entre deux termes équipollents. Quoique Descartes n'ait vu en elle que le *gradus infimus libertatis*, le spiritualisme s'en est servi longtemps pour combattre les déterministes ; mais les faits allégués sont, au contraire, tout à l'avantage de ces derniers. Voyez sur ce point un des plus beaux chapitres de l'ouvr. cit. de M. Fouillée, p. 74-100.

peut-on la perdre de vue, sans tomber dans des explications embarrassées, vagues, nuageuses, derrière lesquelles cherche à se dissimuler une timide insuffisance, — comme lorsqu'on parle de *raisons* n'entraînant pas nécessairement leurs conséquences [1]. Toute conséquence découlant d'une raison est nécessaire, et toute nécessité est la conséquence d'une raison. L'hypothèse d'une pareille liberté d'indifférence entraîne immédiatement l'affirmation suivante, qui est caractéristique, et doit par conséquent être considérée comme la marque distinctive et l'indice de cette idée : à savoir qu'un homme, placé dans des circonstances données, et complétement déterminées par rapport à lui, peut, en vertu de cette liberté d'indifférence, agir de deux façons *diamétralement opposées*.

2° QU'ENTEND-ON PAR LA CONSCIENCE ?

Réponse : la perception (directe et immédiate) du moi, par opposition à la perception des objets extérieurs, qui est l'objet de la faculté dite *perception extérieure*. Cette dernière faculté, avant

---

[1]. C'est le cas de ceux qui répondent aux déterministes « que les motifs éclairent la volonté, mais qu'ils ne la déterminent pas, » ou bien, avec Reid : « qu'ils ne nous déterminent pas, mais nous déterminent seulement à nous déterminer. » Comme si ce n'était pas déjà, objecte M. Fouillée, leur reconnaître une force déterminante!

même que les objets extérieurs viennent se présenter à elle, contient certaines formes nécessaires [*à priori*] de la connaissance, qui sont par suite autant de conditions de l'existence objective des choses, c'est-à-dire de leur existence *pour nous* en tant qu'objets extérieurs : telles sont, comme on sait, le temps, l'espace, la causalité. Or, quoique ces formes de la perception extérieure résident *en nous*, elles n'ont pourtant pas d'autre but que de nous permettre de prendre connaissance des objets extérieurs en tant que tels, et dans une relation constante avec ces formes ; aussi n'avons-nous pas à les considérer comme appartenant au domaine de la conscience, mais bien plutôt comme de simples conditions de la possibilité de toute connaissance des objets extérieurs, c'est-à-dire de la perception objective.

En outre, je ne me laisserai pas abuser par le double sens du mot *conscientia* [1] employé dans l'énoncé de la question, et je me garderai de confondre avec la conscience proprement dite l'ensemble des instincts moraux de l'homme, désigné sous le nom de conscience morale ou de raison

---

1. En français et en latin, la confusion est possible, et l'on sait combien elle est fréquente. En allemand, on a les deux mots *Gewissen* et *Bewustseyn*, et en anglais *conscience* et *consciousness*, qui permettent d'éviter toute équivoque.

pratique, avec les impératifs catégoriques que Kan[t] lui attribue ; et cela, d'une part, parce que ces ins[tincts] ne commencent à se développer dans l'homm[e] qu'à la suite de l'expérience et de la réflexion, c'est à-dire à la suite de la perception extérieure ; d'autr[e] part, parce que dans ces instincts mêmes la lign[e] de démarcation entre ce qui appartient originaire[ment] et en propre à la nature humaine, et ce qu[e] l'éducation morale et religieuse y ajoute, n'est pa[s] encore tracée d'une façon nette et indiscutable[.] D'ailleurs il n'entre certainement pas dans l'inten[tion] de l'Académie de voir détourner artificiellemen[t] la question sur le terrain de la morale par un[e] confusion de la conscience morale avec la cons[cience] psychologique, et d'entendre renouvele[r] aujourd'hui la preuve morale, ou bien plutôt l[e] postulat de Kant, démontrant la liberté par le sen[timent] *à priori* de la loi morale, au moyen du fa[meux] argument (enthymème) : « Tu peux, parc[e] que tu dois. »

Il ressort de ce qui vient d'être dit que la par[tie] la plus considérable de notre faculté cognitiv[e] en général n'est pas constituée par la conscience[,] mais par la connaissance du non-moi, ou per[ception] extérieure. Cette faculté est dirigée ave[c] toutes ses forces vers le dehors, et est le théâtr[e] (on peut même dire, à un point de vue plus élevé[,] la condition), des objets du monde extérieur, don[t] elle commence tout d'abord par recevoir les impressions avec une passivité apparente ; mais bientôt, réunissant pour ainsi dire les connaissances acquises par cette voie, elle les élabore et les transforme en notions, qui, en se combinant indéfiniment avec le secours des mots, constituent la pensée [1]. Ce qui nous resterait donc, après déduction de cette partie de beaucoup la plus considérable de notre faculté cognitive, ce serait la conscience psychologique. Nous concevons, dès lors, que la *richesse* de cette dernière faculté ne saurait être bien grande : aussi, si c'est la conscience qui doit véritablement renfermer les données nécessaires à la démonstration du libre arbitre, nous avons le droit d'espérer qu'elles ne nous échapperont pas. On a aussi émis l'hypothèse d'un sens intérieur [2], servant d'organe à la conscience, mais il faut le prendre plutôt au sens figuré qu'au sens réel, parce que les connaissances que la conscience nous fournit sont immédiates, et non médiates comme celles des sens. Quoi qu'il en soit, notre

---

1. Dans cette assertion fort contestable, on reconnaît l'influence de l'école française du XVIIIe siècle, que Schopenhauer avait étudiée de fort près.
2. « Il se trouve déjà mentionné dans Cicéron, sous le nom de *tactus interior* (*Acad. Quæst.* IV, 7). Plus explicitement encore dans Saint-Augustin (*de Lib. Arb.*, II, 3 et *sq.*), puis dans Descartes (*Princ. Phil.* IV, 190) ; il est décrit avec tous les développements désirables par Locke. » (*Note de Schopenhauer*).

prochaine question s'énonce ainsi : Quel est le *contenu* de la conscience? ou bien : Comment et sous quelle forme le moi que nous sommes se révèle-t-il immédiatement à lui-même? — Réponse : En tant que le moi *d'un être voulant* [1]. Chacun de nous, en effet, pour peu qu'il observe sa propre conscience, ne tardera pas à s'apercevoir que l'objet de cette faculté est invariablement la volonté de sa personne; et par là il ne faut pas seulement entendre les volitions qui passent aussitôt à l'acte, ou les résolutions formelles qui se traduisent par des faits sensibles. Tous ceux en effet qui savent distinguer, malgré les différences dans le degré et dans la manière d'être, les caractères essentiels des choses, ne feront aucune difficulté pour reconnaître que tout fait psychologique, désir, souhait, espérance, amour, joie, etc., ainsi que les sentiments opposés, tels que la haine, la crainte, la colère, la tristesse, etc., en un mot toutes les affections et toutes les passions, doivent être comptées parmi les manifestations de la volonté; car ce ne sont encore là que des mouvements plus

---

1. « Le sentiment immédiat de la force n'est autre que celui de notre existence même dont l'activité est inséparable... La cause, ou force actuellement appliquée à mouvoir le corps, est une force agissante que nous appelons *volonté*. Le moi s'identifie complétement avec cette force agissante. » (Maine de Biran, œuvres inédites, p. 49). C'est du reste le développement des idées de Leibniz. (Édit. Janet, t. II, p. 526).

ou moins forts, tantôt violents et tumultueux, tantôt calmes et réglés, de la volonté individuelle, selon qu'elle est libre ou enchaînée, contente ou mécontente, et se rapportant tous, avec une grande variété de direction, soit à la possession ou au manque de l'objet désiré, soit à la présence ou à l'éloignement de l'objet haï. Ce sont donc bien des affections multiples de la même volonté, dont la force active se manifeste dans nos résolutions et dans nos actes [1]. On doit même ajouter à la précédente énumération les sentiments du plaisir et de la douleur : car, malgré la grande diversité sous laquelle ils nous apparaissent, on peut toujours les ramener à des affections relatives au désir

---

1. « Il est très-digne de remarque que déjà Saint-Augustin a parfaitement reconnu ce fait, tandis qu'un grand nombre de philosophes modernes, avec leur prétendue *faculté de sentir*, ne paraissent pas s'en douter. Car dans la *Cité de Dieu* (lib. XIV, c. 6), il parle des affections de l'âme, qu'il a rangées dans le livre précédent en quatre catégories, à savoir : le désir, la crainte, la joie et la tristesse, et il ajoute : « La volonté est en tous ces mouvements, ou plutôt tous ces mouvements ne sont que des volontés. En effet, qu'est-ce que le désir et la joie, qu'une volonté qui approuve ce que nous voulons? Et qu'est-ce que la crainte et la tristesse, qu'une volonté qui improuve ce que nous ne voulons pas »? (*Note de Schopenhauer : Trad. Fr. de Lombert*). Les modernes dont parle l'auteur sont sans doute les sensualistes qui oublièrent que le caractère essentiel de l'âme est d'être une force en acte, *vis sui motrix*. Schopenhauer lui-même aurait dû s'en souvenir, lorsque, perdant de vue ce point fondamental de toute saine psychologie, il compare l'âme à une balance. (P. 145.)

ou à l'aversion, c'est-à-dire à la volonté prenant conscience d'elle-même en tant qu'elle est satisfaite ou non satisfaite, entravée ou libre : bien plus, cette catégorie comprend même les impressions corporelles, agréables ou douloureuses, et tous les innombrables intermédiaires qui séparent ces deux pôles de la sensibilité ; puisque ce qui fait l'essence de toutes ces affections, c'est qu'elles entrent immédiatement dans le domaine de la conscience en tant que conformes ou non conformes à la volonté. A y regarder de près, on ne peut même prendre immédiatement conscience de son propre corps qu'en tant qu'il est l'organe de la volonté agissant vers le dehors, et le siége de la sensibilité pour des impressions agréables ou douloureuses ; or ces impressions elles-mêmes, comme nous venons de le dire, se ramènent à des affections immédiates de la volonté, qui lui sont tantôt conformes et tantôt contraires [1]. Du reste, on peut indifféremment compter ou ne pas compter parmi les manifestations de la volonté ces sensations simples du plaisir et de la douleur ; il reste en tous cas que ces mille mouvements de la volonté, ces alternatives continuelles du vouloir et du non-vouloir, qui, dans leur flux et dans leur reflux inces-

---

1. Ces idées ont été cent fois exprimées par les philosophes français depuis Maine de Biran, avec quelle supériorité de langage, il n'est pas besoin de le dire.

sants, constituent l'unique objet de la conscience, ou, si l'on veut, du sens intime, sont dans un rapport constant et universellement reconnu avec les objets extérieurs que la perception nous fait connaître. Mais cela, comme il a été dit plus haut, n'est plus du domaine de la conscience immédiate, à la limite de laquelle nous sommes donc arrivés, au point où elle se confond avec la perception extérieure, dès que nous avons touché au monde extérieur. Or les objets dont nous prenons connaissance au dehors sont la matière même et l'occasion [1] de tous les mouvements et actes de la volonté. On ne reprochera pas à ces mots de renfermer une pétition de principe : car que notre volonté ait toujours pour objet des choses extérieures vers lesquelles elle se porte, autour desquelles elle gravite, et qui la poussent, au moins en tant que motifs, vers une détermination quelconque, c'est ce que personne ne peut mettre en doute. Soustrait à cette influence, l'homme ne conserverait plus qu'une volonté complétement isolée du monde extérieur, et emprisonnée dans le sombre intérieur de la conscience individuelle. La seule chose qui soit encore douteuse à nos yeux, c'est le degré de nécessité avec lequel les objets

---

1. Il y a dans le mot allemand *anlass* quelque chose de plus : la véritable traduction serait *cause excitatrice.*

du monde extérieur déterminent les actes d[e]
volonté.

C'est donc la volonté qui est l'objet princi[pal,]
je dirai même l'objet exclusif de la conscien[ce.]
Mais la conscience peut-elle trouver en elle-m[ême]
et en elle seule des données suffisantes qui perm[et]
tent d'affirmer la liberté de cette volonté, dan[s le]
sens que nous avons précisé plus haut, le seul d[e tous]
leurs qui soit clair et nettement déterminé? C['est]
là même le problème vers la solution duquel n[ous]
allons maintenant diriger notre course, après n[ous]
en être rapprochés dans ce qui précède, en [entre]
voyant il est vrai, mais déjà toutefois d'une man[ière]
notable.

1. On sait que dans le système de Schopenhaue[r la]
volonté est la *chose en soi*, le *noumenon*, mais « la [per]
ception interne que nous avons de notre propre vol[onté]
ne peut en aucune façon nous donner une connaiss[ance]
complète, adéquate de la chose en soi. Cela ne pou[rrait]
être que si la volonté nous était connue immédiatem[ent.]
Mais elle a besoin d'un intermédiaire, l'intelligence, [qui]
suppose elle-même un intermédiaire : le corps, le [cer]
veau. La volonté est donc, pour nous, liée aux forme[s de]
la connaissance; elle est donnée dans la conscience [sous]
la forme d'une perception et comme telle se scind[e en]
sujet et en objet, etc. » (M. Ribot, p. 91-98). Voir, [sur]
l'exposition des fondements du système de Schopenha[uer,]
MM. Ribot, *La Philosophie de Schopenhauer*; Challe[mel-]
Lacour, *Revue des Deux-Mondes* du 15 mars 1870 [;]
Em. Charles, dans le *Dictionnaire des sciences phi[loso]
phiques* (nouvelle édition).

CHAPITRE II

LA VOLONTÉ DEVANT LA CONSCIENCE.

Quand un homme *veut*, il veut aussi quelque chose : sa volition a toujours quelque objet vers lequel elle tend, et ne peut être pensée qu'en rapport avec cet objet. Mais que signifie *vouloir quelque chose?* Voici ce que j'entends par là. La volition, qui en elle-même est seulement l'objet de la conscience, se produit sous l'influence de quelque mobile appartenant au domaine de la connaissance du non-moi, et qui par conséquent est un objet de la perception extérieure; ce mobile, désigné au point de vue de cette influence sous le nom de motif, est non-seulement la *cause excitatrice*, mais la *matière* de la volition, parce que celle-ci est dirigée sur lui, c'est-à-dire qu'elle a pour but de le modifier en quelque façon, qu'elle réagit par conséquent sur lui (à la suite de l'impulsion même qu'elle en reçoit) : et c'est dans cette réaction que consiste toute entière la volition [1]. Il ressort déjà de ceci que la volition ne saurait se produire sans motif ; car alors elle manquerait également de cause et de matière. Seulement on se demande si dès que cet objet est présent à notre entendement la volition doit ou non se produire *nécessairement*; bien plus, si en présence d'un même motif il pourrait se produire une volition différente, ou même diamétralement opposée ; ce qui revient à mettre en doute si la réaction dont nous avons parlé peut, dans des circonstances identiques, se produire ou ne se produire pas, affecter telle forme ou telle autre, ou même deux formes absolument contraires. En un mot, la volition est-elle provoquée nécessairement par le motif, ou faut-il admettre que la volonté, au moment où nous prenons conscience du motif, conserve son entière liberté de *vouloir* [2] ou de *ne pas vou-*

---

[1]. Le motif est moins la *cause efficiente* que la *cause finale* de l'action. C'est une particularité qui le distingue de la cause physique, et que Schopenhauer aurait dû marquer plus nettement. Peut-être qu'en approfondissant cette différence, on y trouverait un argument contre le déterminisme.

[2]. Ce n'est pas la volonté qui *veut*, mais le *moi* qui se *détermine*. L'expression de Schopenhauer est au moins impropre. (V. plus bas p. 36.)

oir? Ici donc la notion de la liberté, dans le sens abstrait que la discussion précédente lui a donné et que j'ai prouvé être le seul acceptable, est entendue comme une simple négation de la nécessité, et notre problème est ainsi clairement posé. Mais c'est dans *la conscience immédiate* que nous avons à chercher les données nécessaires à sa solution, et nous examinerons jusqu'au bout le témoignage de cette faculté avec toute l'exactitude possible, loin de nous contenter de trancher brutalement le nœud comme l'a fait Descartes, en émettant, sans prendre la peine de la justifier, l'affirmation suivante : « Nous avons une conscience si parfaite de la liberté d'indifférence qui est en nous, qu'il n'est rien qui nous soit connu avec plus de lucidité ni d'évidence. » (*Princ. Phil.* 1, § 41.) Leibniz lui-même a déjà fait ressortir ce qu'il y avait d'insuffisant dans une telle affirmation (*Théod.* 1, § 50, et III, § 292), lui qui, cependant, sur cette question, s'est montré comme un frêle roseau cédant à tous les vents ; car après les déclarations les plus contradictoires, il aboutit finalement à cette conclusion, que la volonté est, il est vrai, inclinée par les motifs, mais qu'ils ne la nécessitent pas. Il dit en effet : « Toutes les actions sont déterminées, et jamais indifférentes, parce qu'il y a toujours quelque raison inclinante, mais non toutefois nécessitante, pour qu'elles soient telles plutôt que telles. » (Leibniz, *De libertate*, *Opera*, *Ed. Erdmann*, *p. 669*.) Ceci me donne l'occasion de faire observer qu'une pareille voie, cherchant un milieu entre les deux termes de l'alternative posée plus haut, n'est pas tenable, et qu'on ne peut pas dire, comme quelques-uns, en se retranchant à plaisir derrière une indécision hésitante, que les motifs ne déterminent la volonté *qu'en une certaine mesure*, qu'elle subit leur influence, mais seulement jusqu'à un certain point, et qu'à un moment donné elle a le pouvoir de s'y soustraire. Car aussitôt que nous avons accordé à une force donnée l'attribut de la causalité, et reconnu par conséquent qu'elle est une force active, cette force n'a besoin, dans l'hypothèse d'une résistance, que d'un surcroît d'intensité, dans la mesure de cette résistance même, pour pouvoir achever son effet. Celui qui hésite encore et ne peut pas être corrompu par l'offre de 10 ducats, le sera assurément si on lui en propose 100, et ainsi de suite...

Considérons donc maintenant, en vue de la solution que nous cherchons, la *conscience immédiate* entendue dans le sens établi plus haut. Quelle clef cette faculté peut-elle nous fournir pour la solution de cette question abstraite, à savoir l'*applicabilité*, ou la *non-applicabilité* du concept de la nécessité à la production de la volition, en présence d'un motif donné, c'est-à-dire connu et conçu par l'entendement[1]? Nous nous exposerions à bien des déceptions si nous nous attendions à tirer de cette conscience des renseignements précis et détaillés sur la causalité en général, et sur la motivation en particulier, comme aussi sur le degré de nécessité qu'elles portent toutes deux avec elles. Car la conscience, telle qu'elle habite au fond de tous les hommes, est chose beaucoup trop simple et trop bornée, pour pouvoir donner des explications sur de pareilles questions. Bien plus, ces notions de causalité et de nécessité sont puisées dans l'entendement pur qui est tourné vers le dehors, et ne peuvent être amenées à une expression philosophique que devant le *forum* de la raison réflective. Mais quant à cette conscience naturelle, simple, je dirais même bornée[2], elle ne peut même pas concevoir la question, bien loin qu'elle y puisse répondre. Son témoignage au sujet de nos volitions, que chacun peut écouter dans son propre for intérieur, pourra être exprimé à peu près comme il suit, quand on l'aura dépouillé de tout accessoire inutile et étranger à la question, et ramené à son contenu le plus strict : « Je peux vouloir, et lorsque je *voudrai* un acte quel-

---

1. Le texte ajoute : « ou de la possibilité, ou non-possibilité, de sa non-production en pareil cas. »
2. *Einfache, ja, einfaeltige*. Le mot *simple*, en français, peut être pris en deux sens assez différents correspondant chacun à un des termes employés par Schopenhauer.

conque, les membres de mon corps qui sont capables de mouvement (placés dans la sphère du mouvement volontaire) l'accompliront à l'instant même, d'une façon tout à fait immanquable. » Cela veut dire en peu de mots : « JE PUIS FAIRE CE QUE JE VEUX ! » La déclaration de la conscience immédiate n'a pas une plus grande portée, de quelque manière qu'on puisse la contourner et sous quelque forme que l'on veuille poser la question. Elle se réfère donc toujours au « *Pouvoir d'agir* conformément à la volonté ; » mais n'est-ce pas là cette idée empirique, originelle et populaire de la liberté, telle que nous l'avons établie dès le commencement, d'après laquelle le mot *libre* veut dire : « conforme à la volonté? » C'est cette liberté, et celle-là seule, que la conscience affirmera catégoriquement[1]. Mais ce n'est pas celle que nous cherchons à démontrer. La conscience proclame la *liberté des actes*, avec la présupposition de la liberté des *volitions* : mais c'est la liberté des *volitions* qui a seule été mise en question. Car nous étudions ici le rapport entre la volonté même et les motifs : or sur ce point l'affirmation : « je peux faire ce que je veux, » ne fournit aucun renseignement. La dépendance où sont nos actes, c'est-à-

---

1. La page qu'on vient de lire est d'une extrême importance : elle est la base et en même temps le résumé de toute la première partie de l'ouvrage.

dire nos mouvements corporels, relativement à notre volonté (dépendance qui est affirmée, sans doute, par la voix de la conscience), est quelque chose de tout à fait différent de l'indépendance de nos volitions *par rapport aux circonstances extérieures*, ce qui constituerait véritablement le libre arbitre ; mais sur l'existence de ce libre arbitre, la conscience ne peut rien nous apprendre. Cette question, en effet, est nécessairement en dehors de sa sphère, parce qu'elle concerne le rapport de causalité du monde sensible (qui ne nous est donné que par la perception extérieure), avec nos résolutions, et que la conscience ne peut évidemment pas porter de jugement sur le rapport d'une chose qui est tout à fait en dehors de son domaine, à une autre, qui lui appartient en propre. Car aucune puissance cognitive ne peut établir une relation entre deux termes dont l'un ne saurait lui être donné d'aucune manière. Or il est bien évident que les objets de la volonté, qui déterminent précisément la volition, sont placés, au-delà de la limite de la perception interne, dans la perception du non-moi ; seule, la volition se produit à l'intérieur, et c'est justement le rapport de causalité qui lie la volition et ces objets du dehors que l'on cherche à préciser. La volition seule est du domaine de la conscience, avec son empire absolu sur les membres du corps, empire dont le sentiment intime est, à proprement parler, à la racine de l'affirmation : « Je peux ce que je veux. » Aussi n'est-ce tout d'abord que l'exercice de cet empire, c'est-à-dire l'acte lui-même, qui imprime à la volition, aux regards de la conscience, le sceau d'une manifestation de la volonté. Car aussi longtemps qu'elle s'élabore peu à peu, elle s'appelle désir : quand elle est achevée et prête à passer à l'acte, elle s'appelle résolution : mais qu'elle soit passée effectivement à l'état de résolution, c'est ce que l'action seule peut démontrer à la conscience ; car jusqu'à l'action qui la réalise, elle peut changer. Et ici nous nous trouvons amenés à la source principale de cette illusion, dont on ne peut guère nier la force [1], en vertu de laquelle un esprit naïf, c'est-à-dire sans éducation philosophique, s'imagine que dans un cas donné deux volitions diamétralement opposées lui seraient possibles ; et, fort de cette conviction, il s'enorgueillit de l'abondance des lumières que lui fournit sa conscience, dont il croit de bonne foi entendre là le témoignage. C'est l'effet de la con-

---

[1]. Le positivisme en prend son parti : « La liberté morale est une réalité psychologique, ou, si l'on veut, anthropologique... Il faut l'analyser comme une nécessité phénoménologique de l'intelligence humaine, comme une réalité psychologique. » (A. Herzen, *Revue philosophique* du 1er sept. 1876.) Ce qui est précisément très difficile, c'est d'expliquer l'illusion de la liberté, sans la liberté.

fusion entre le désir et la volonté[1]. On peut, en effet, *désirer* deux choses opposées, on n'en peut *vouloir* qu'une : et pour laquelle des deux s'est décidée la volonté, c'est ce dont la conscience n'est instruite qu'à *posteriori,* par l'accomplissement de l'acte. Mais relativement à la nécessité rationnelle en vertu de laquelle, de deux désirs opposés, c'est l'un et non pas l'autre qui passe à l'état de volition et d'acte, la conscience ne peut pas fournir d'éclaircissement, précisément parce qu'elle apprend le résultat (du conflit des motifs) tout-à-fait *à posteriori,* et ne saurait d'aucune façon le connaître *à priori*. Des désirs opposés, avec les motifs à leur appui, montent et descendent devant elle, et se succèdent alternativement comme sur un théâtre : et pendant qu'elle les considère individuellement, elle déclare simplement que dès qu'un désir quelconque sera passé à l'état de volition, il passera immédiatement après à l'état d'acte. Car cette dernière possibilité purement subjective est le privilége commun de tous les désirs (*velléités*), et se trouve justement exprimée par ces

1. Cela n'est ni clair, ni exact. La confusion du désir et de la volonté conduit au contraire au déterminisme. V. pour leur distinction, deux admirables pages de Maine de Biran (*Œuvres inédites*, t. III, p. 479 *et* 498). Schopenhauer identifie à tort avec les désirs la simple vue des *possibles,* tels qu'ils se présentent à notre esprit dans la délibération, vue qui suscite ce qu'il appelle lui-même plus bas les *velléités.*

mots : « Je peux faire ce que je veux. » Mais remarquons que cette possibilité subjective est tout à fait hypothétique, et que le témoignage de la conscience se réduit à ceci : « *Si je veux* telle chose, je puis l'*accomplir*. » Or ce n'est pas là que se trouve la détermination nécessaire à la volonté : puisque la conscience ne nous révèle absolument que la volition, mais non les motifs qui la déterminent, lesquels sont fournis par la perception extérieure, dirigée vers les objets du dehors. D'autre part, c'est la *possibilité objective* qui détermine les choses : mais cette possibilité réside en dehors du domaine de la conscience, dans le monde objectif, auquel le motif et l'homme lui-même appartiennent. Cette possibilité subjective dont nous parlions tout à l'heure est du même genre que la *puissance* que possède le caillou de donner des étincelles [1], possibilité qui se trouve cependant conditionnée par l'acier, où réside la possibilité objective de l'étincelle. Dans le chapitre suivant, j'arriverai à la même conclusion par une autre voie, en considérant la volonté non plus par le dedans, comme nous l'avons fait jusqu'ici, mais par le dehors, et en examinant à ce point de vue la possibilité objective de la volition : alors la

---

[1]. Dans la langue d'Aristote, les étincelles sont *en puissance* dans le caillou, et c'est l'acier qui les fait passer à l'*acte.*

question, se trouvant éclairée de deux côtés différents, aura acquis toute sa netteté, et sera encore rendue plus saisissable par des exemples.

Donc ce sentiment inhérent à notre conscience « *je peux faire ce que je veux* » nous accompagne toujours et partout : mais il affirme simplement ce fait, que nos résolutions et nos volitions, quoique ayant leur origine dans les sombres profondeurs de notre for intérieur, se réaliseront immédiatement dans le monde sensible, puisque notre corps en fait partie, comme tout le reste des objets. Cette conscience établit comme un pont entre le monde extérieur et le monde intérieur, qui sans elle resteraient séparés par un abîme sans fond; elle disparue, en effet, il ne resterait dans le premier, en tant qu'objets, que de simples apparences, complétement indépendantes de nous dans tous les sens, et dans le second, que des volitions stériles, qui demeureraient pour nous à l'état de simples sentiments. — Interrogez un homme tout à fait sans préjugés : voici à peu près en quels termes il s'exprimera au sujet de cette conscience immédiate, que l'on prend si souvent pour garante d'un prétendu libre arbitre : « Je peux faire ce que je veux. Si je veux aller à gauche, je vais à gauche : si je veux aller à droite, je vais à droite. Cela dépend uniquement de mon bon vouloir : je suis donc libre. » Un tel témoignage est certainement juste et véridique : seulement il présuppose la liberté de la volonté, et admet implicitement que la décision est déjà prise : la liberté de la décision elle-même ne peut donc nullement être établie par cette affirmation. Car il n'y est fait aucune mention de la dépendance ou de l'indépendance de la volition au moment où elle se produit, mais seulement des *conséquences* de cet acte, une fois qu'il est accompli, ou, pour parler plus exactement, de la nécessité de sa réalisation en tant que mouvement corporel. C'est le sentiment intime [1] qui est à la racine de ce témoignage, qui seul fait considérer à l'homme naïf, c'est-à-dire sans éducation philosophique (ce qui n'empêche pas qu'un tel homme puisse être un grand savant dans d'autres branches), que le libre arbitre est un fait d'une certitude immédiate ; en conséquence, il le proclame comme une vérité indubitable, et ne peut même pas se figurer que les philosophes soient sérieux quand ils le mettent en doute : au fond du cœur, il estime que toutes les discussions qu'on a engagées à ce sujet, ne sont qu'un simple exercice d'escrime auquel se livre gratuitement la dialectique de l'école, — en somme une véritable plai-

1. L'action directe de la volonté sur les membres a été niée par Hume, malgré le témoignage formel de la conscience, par la raison que nous ne connaissons qu'à *posteriori* quelles sont les parties de notre corps qui se trouvent dans la sphère du mouvement volontaire.

santerie. Pourquoi cela? C'est que cette certitude que le sens intime lui fournit (certitude qui a bien son importance), est constamment présente à son esprit; et, s'il l'interprète mal, c'est que l'homme étant avant tout et essentiellement un être pratique, non théorique, acquiert une connaissance beaucoup plus claire du *côté actif* de ses volitions, c'est-à-dire de leurs effets sensibles, que de leur *côté passif*, c'est-à-dire de leur dépendance. Aussi est-il malaisé de faire concevoir à l'homme qui ne connaît point la philosophie la vraie portée de notre problème, et de l'amener à comprendre clairement que la question ne roule pas sur les *conséquences*, mais sur les *raisons* et les *causes* de ses volitions. Certes, il est hors de doute que ses actes dépendent uniquement de ses volitions; mais ce que l'on cherche maintenant à savoir, c'est de quoi dépendent ces volitions elles-mêmes, ou si peut-être elles seraient tout à fait indépendantes. Il est vrai qu'il peut *faire* une chose, quand il la *veut*, et qu'il en *ferait* tout aussi bien telle autre, s'il la *voulait* à son tour : mais qu'il réfléchisse, et qu'il songe s'il est réellement capable de vouloir l'une aussi bien que l'autre. Si donc, reprenant notre interrogatoire, nous posons la question à notre homme dans ces termes : « Peux-tu vraiment, de deux désirs opposés qui s'élèvent en toi, donner suite à l'un aussi bien qu'à l'autre? Par exemple, si on te donne à choisir entre deux objets qui s'excluent l'un l'autre, peux-tu préférer indifféremment le premier ou le second ? » Alors il répondra : « Peut-être que le choix me paraîtra difficile : cependant il dépendra toujours de moi seul de *vouloir* choisir l'un ou l'autre, et aucune autre puissance ne pourra m'y obliger : en ce cas j'ai la pleine liberté de choisir celui que je veux, et quelque choix que je fasse je n'agirai jamais que conformément à ma volonté. » J'insiste, et je lui dis : « Mais ta volonté, de quoi dépend-elle ? » Alors mon interlocuteur répond en écoutant la voix de sa conscience : « Ma volonté ne dépend absolument que de moi seul ! Je peux vouloir ce que je veux : ce que je veux, c'est *moi* qui le veux. » Et il prononce ces dernières paroles, sans avoir l'intention de faire une tautologie, ni sans s'appuyer, à cet effet, dans le fond même de sa conscience, sur le principe d'identité qui seul la rend possible. Bien plus, si en ce moment on le pousse à bout, il se mettra à parler d'une volonté de sa volonté[1], ce qui revient au même que s'il parlait d'un *moi* de son *moi*. Le voilà ramené pour ainsi dire jusqu'au centre, au *noyau* de sa conscience, où il reconnaît l'identité fondamentale

---

1. Schopenhauer n'a-t-il pas parlé plus haut d'une *volonté qui veut ?* (p. 24.)

de son moi et de sa volonté[1], mais où il ne reste plus rien, avec quoi il puisse les juger l'un et l'autre. La volition finale qui lui fait rejeter un des termes entre lesquels s'exerçait son choix (étant donnés son caractère, ainsi que les objets en présence), était-elle contingente, et aurait-il été possible que le résultat final de sa délibération fût différent de ce qu'il a été ? Ou bien faut-il croire que cette volition était déterminée aussi nécessairement (par les motifs), que, dans un triangle, au plus grand angle *doit* être opposé le plus grand côté ? Voilà des questions qui dépassent tellement la compétence de la conscience naturelle, qu'on ne peut même pas les lui faire clairement concevoir. A plus forte raison, n'est-il point vrai de dire qu'elle porte en elle des réponses toutes prêtes à ces problèmes, ou même seulement des solutions à l'état de germes non développés, et qu'il suffise pour les obtenir de l'interroger naïvement et de recueillir ses oracles ! — Il est encore vraisemblable que notre homme, à bout d'arguments, essayera toujours encore d'échapper à la perplexité qu'entraîne cette question, lorsqu'elle

---

1. C'est là même une des bases de son système. « Quand le jour viendra où on lira mes ouvrages, on reconnaîtra que ma philosophie est semblable à la Thèbes aux cent portes : on peut y pénétrer par tous les côtés, et toutes les routes que l'on prend conduisent directement jusqu'au centre. » (1ʳᵉ préface de l'*Éthique*, 1840.)

est vraiment bien comprise, en se réfugiant à l'abri de cette même conscience immédiate, et en répétant à satiété : « Je peux faire ce que je veux, et ce que je veux, je le veux. » C'est un expédient auquel il recourra sans cesse, de sorte qu'il sera difficile de l'amener à envisager tranquillement la véritable question, qu'il s'efforce toujours d'esquiver. Et qu'on ne lui en veuille point pour cela : car elle est vraiment souverainement embarrassante. Elle plonge pour ainsi dire une main investigatrice dans le plus profond de notre être : elle demande, en dernière analyse, si l'homme aussi, comme tout le reste de la création, est un être déterminé une fois pour toutes par son essence, possédant comme tous les autres êtres de la nature des qualités individuelles fixes, persistantes, qui déterminent nécessairement ses diverses *réactions* en présence des excitations extérieures, — et si l'ensemble de ces qualités ne constitue pas pour lui un caractère invariable, de telle sorte que ses modifications apparentes et extérieures soient entièrement soumises à la détermination des motifs venant du dehors ; — ou si l'homme fait seul exception à cette loi universelle de la nature. Mais si l'on réussit enfin à fixer solidement sa pensée sur cette question si sérieuse, et à lui faire clairement comprendre que ce que l'on cherche ici c'est l'origine même de ses volitions, la règle, s'il en est une, ou l'absolue *irrégularité* (manque de règle) qui préside à leur formation ; alors on découvrira en toute évidence que la conscience immédiate ne fournit aucun renseignement à ce sujet, par ce fait que l'homme sans préjugés renoncera tout à coup à alléguer cette autorité, et témoignera ouvertement de sa perplexité en s'arrêtant pour réfléchir, puis en se livrant à des tentatives d'explication de toute sorte, en s'efforçant par exemple de tirer des arguments, tantôt de son expérience personnelle et de ses observations, tantôt des règles générales de l'entendement ; mais il ne réussira par là qu'à montrer dans le plein jour de l'évidence, par l'incertitude et l'hésitation de ses explications, que sa conscience immédiate ne donne aucun éclaircissement sur la question entendue comme il convient, tandis qu'elle lui en fournissait précédemment en abondance pour répondre à la question mal comprise. Cela repose en dernière analyse sur ce que la volonté de l'homme n'est autre que son moi proprement dit, le vrai noyau de son être : c'est elle aussi qui constitue le fond même de sa conscience, comme quelque *substratum* immuable et toujours pré-

---

1. On a dit souvent, à l'appui des théories dynamistes, que l'impossibilité où nous nous trouvons de définir la *force*, et de pénétrer sa nature intime, prouve précisément que nous sommes nous-mêmes une force, dont la conscience ne nous révèle que les manifestations.

sent, dont il ne saurait se dégager pour pénétrer au-delà. Car lui-même il *est* comme il *veut*, et il *veut* comme il *est*[1]. Donc, quand on lui demande s'il pourrait *vouloir* autrement qu'il ne veut, on lui demande en vérité s'il pourrait *être autrement qu'il n'est :* ce qu'il ignore absolument. Aussi le philosophe, qui ne se distingue du premier venu que par la supériorité que lui donne la pratique de ces questions, doit, si dans ce problème difficile il veut atteindre à la clarté, se tourner en dernière instance vers les seuls juges compétents, à savoir l'*entendement,* qui lui fournit ses notions à *priori,* la *raison* qui les élabore, et l'*expérience* qui lui présente ses actions et celles des autres pour expliquer et contrôler les intuitions de sa raison. Sans doute leur décision ne sera pas aussi facile, aussi immédiate, ni aussi simple que celle de la conscience, mais par cela même elle sera à la hauteur de la question et fournira une réponse adéquate. C'est la tête qui a soulevé la question : c'est la tête aussi qui doit la résoudre.

D'ailleurs nous ne devons pas nous étonner qu'à une question aussi abstruse, aussi haute, aussi difficile, la conscience immédiate n'ait pas de réponse

---

1. Il n'y a pas là, comme on pourrait le croire, d'allusion prématurée à la doctrine du *choix extemporel* de Kant. Cet aphorisme prétentieux signifie simplement que notre essence est conforme à nos volitions, lesquelles réciproquement manifestent notre essence.

à offrir. Car la conscience n'est qu'une partie très-restreinte de notre entendement, lequel, obscur au dedans, est dirigé vers le monde extérieur de toutes les énergies dont il dispose. Toutes ses connaissances parfaitement sûres, c'est-à-dire certaines à *priori*, concernent seulement le monde extérieur, et là il peut, en appliquant certaines lois générales, qui ont en lui-même leur fondement, distinguer d'une façon infaillible ce qui est possible au dehors et ce qui est impossible, ce qui est nécessaire et ce qui ne l'est pas. C'est ainsi qu'ont été établies les mathématiques pures, la logique pure, et même les bases de la science naturelle, toutes à *priori*. Ensuite l'application de ces formes, connues à *priori*, aux données fournies par la perception sensible, lui ouvre un accès sur le monde visible et réel, et en même temps lui rend possible l'expérience [1] : plus tard, l'application de la logique et de la faculté de penser, qui en est la base, à ce monde extérieur révélé par les sens, lui fournira les concepts, ouvrira à son activité le monde des idées, et par suite permettra aux sciences de naître et à leurs résultats de fructifier à leur tour. C'est donc dans le monde extérieur que l'intelligence voit devant elle beaucoup de

---

1. C'est la meilleure réfutation de l'empirisme. Bien loin que l'expérience puisse nous donner les premiers principes, elle est impossible sans eux, et les présuppose.

lumière et de clarté. Mais à l'intérieur il fait sombre, comme dans un télescope bien noirci : aucun principe *à priori* n'éclaire la nuit de notre for intérieur; ce sont des phares qui ne rayonnent que vers le dehors. Le sens intime, comme on l'a prouvé plus haut, ne perçoit directement que la volonté, aux différentes émotions de laquelle tous les sentiments dits intérieurs peuvent être ramenés. Mais tout ce que cette perception intime de la volonté nous fait connaître se ramène, comme on l'a vu précédemment, au *vouloir* et au *non-vouloir*; c'est à elle en outre que nous devons cette certitude tant prônée qui se traduit par l'affirmation : « ce que je veux, je peux le faire », et qui revient en vérité à ceci « chaque acte de ma volonté se manifeste immédiatement à ma conscience (par un mécanisme qui m'est tout à fait incompréhensible), comme un mouvement de mon corps. » A y regarder de près, il n'y a là pour le sujet qui l'affirme qu'un principe résultant de l'expérience [1]. Mais au-delà, on n'y découvre plus rien. Le tribunal que nous avons consulté est donc incompétent pour résoudre la question soulevée : bien plus, interprétée dans son véritable sens, elle ne

---

1. On objecterait avec raison que pour expliquer *le premier* mouvement volontaire, il faut admettre déjà un sentiment au moins implicite de notre pouvoir sur nos organes. L'assertion de Schopenhauer (reprise de Hume) est donc un cercle.

peut pas lui être soumise, parce qu'elle ne saurait être comprise par lui.

L'ensemble des réponses que nous avons obtenues dans notre interrogatoire de la conscience peut se résumer ainsi qu'il suit sous une forme plus concise. La conscience de chacun de nous lui affirme très-clairement qu'il peut faire ce qu'il veut. Or puisque des actions tout-à-fait opposées peuvent être pensées comme ayant été voulues par lui, il en résulte qu'il peut aussi bien faire une action que l'action opposée, *s'il la veut*. C'est là précisément ce qu'une intelligence encore mal armée confond avec cette autre affirmation bien différente, à savoir que *dans un cas déterminé* le même homme pourrait vouloir également bien deux choses opposées, et elle nomme *libre arbitre* ce prétendu privilége. Or que l'homme puisse ainsi, dans des circonstances données, vouloir à la fois deux actions opposées, c'est ce que ne comporte en aucune façon le témoignage de la conscience, laquelle se contente d'affirmer que de deux actions opposées, il peut *faire* l'une, s'il la veut, et que s'il *veut* l'autre, il peut l'accomplir également. Mais est-il capable de *vouloir* indifféremment l'une ou l'autre? Cette question demeure sans réponse, et exige un examen plus approfondi, dont la simple conscience ne saurait préjuger le résultat. La formule suivante, quoique un peu empreinte de scolastique, me semblerait l'expression la plus courte et la plus exacte de cette conclusion : « Le témoignage de la conscience ne se rapporte à la volonté qu'*a parte post* : la question du libre arbitre au contraire *a parte ante*. » Donc, cette déclaration indéniable de la conscience : « Je peux faire ce que je veux », ne renferme ni ne décide rien du tout touchant le libre arbitre, car celui-ci consisterait en ce que chaque volition individuelle, dans chaque cas particulier (le caractère du sujet étant complétement donné), ne fût pas déterminée d'une façon nécessaire par les circonstances extérieures au milieu desquelles l'homme en question se trouve, mais pût s'incliner finalement soit d'un côté, soit de l'autre. Or, sur ce point, la conscience est absolument muette : car le problème est tout à fait en dehors de son domaine, puisqu'il roule sur le rapport de causalité qui existe entre l'homme et le monde extérieur. Si l'on demande à un homme de bon sens, mais dénué d'éducation philosophique, en quoi consiste véritablement ce libre arbitre qu'il affirme avec tant de confiance sur l'autorité de sa conscience, il répondra : « Il consiste en ce que je peux faire ce que je veux, aussitôt que je ne suis pas empêché par un obstacle physique. » C'est donc toujours le rapport entre ses actions et ses volitions dont il parle. Mais cette absence d'obstacles matériels ne constitue encore que la liberté physique, comme je l'ai montré dans le premier chapitre. Lui demande-t-on encore si dans un cas donné il pourrait *vouloir* indifféremment telle chose ou son contraire, dans le premier feu de la réplique il s'empressera sans doute de répondre *oui* : mais aussitôt qu'il commencera à saisir le sens profond de la question, il deviendra pensif, et finalement il tombera dans l'incertitude et le trouble; puis, pour s'en tirer, il essayera de nouveau de se sauver derrière son thème favori « je peux faire ce que je veux » et de s'y retrancher contre toutes les raisons et tous les raisonnements. Mais la véritable réponse à cette assertion, comme j'espère le mettre hors de doute dans le chapitre suivant, s'énoncerait ainsi : « Tu peux, il est vrai, *faire* ce que tu *veux* : mais à chaque moment déterminé de ton existence, tu ne peux *vouloir* qu'une chose précise et *une seule*, à l'exclusion de toute autre. »

La discussion contenue dans ce chapitre suffirait déjà à la rigueur pour m'autoriser à répondre négativement à la question de l'Académie Royale; mais ce serait là m'en tenir seulement à une vue d'ensemble, car cette exposition même du rôle des faits dans la conscience doit recevoir encore quelques compléments dans ce qui va suivre. Or il peut se trouver, dans *un cas*, que la justesse de notre réponse négative se voie confirmée avec éclat par une preuve de plus. Si en effet nous nous adressions maintenant, la même question sur les lèvres, à ce tribunal auquel nous avons été renvoyés tout à l'heure, comme à la seule juridiction compétente, — je veux dire au tribunal de l'entendement pur, de la raison qui réfléchit sur ses données et les élabore, et de l'expérience qui complète le travail de l'une et de l'autre, — si alors, dis-je, la décision de ces juges tendait à établir *que le prétendu libre arbitre n'existe absolument point,* mais que les actions des hommes, comme tous les phénomènes de la nature, résultent, dans chaque cas particulier, des circonstances précédentes comme un effet qui se produit nécessairement à la suite de sa cause ; cela nous donnerait en outre la certitude que *l'existence même* dans la conscience de données aptes à fournir la démonstration du libre arbitre, est chose parfaitement impossible. — Alors, renforcée par une conclusion *a non posse ad non esse,* qui seule peut servir à établir à *priori* des vérités négatives, notre décision recevrait, en surcroît de la preuve empirique exposée dans ce qui précède, une confirmation rationnelle, d'où elle tirerait évidemment une certitude bien plus grande encore. Car une contradiction formelle entre les affirmations immédiates de la conscience, et les conséquences tirées des principes fondamentaux de la raison pure, avec leur application à l'expérience, ne saurait être admise comme possible : la conscience de l'homme ne peut pas être ainsi mensongère et trompeuse. Il faut remarquer à ce propos que la prétendue antinomie kantienne (entre la liberté et la nécessité), n'a pas pour origine, même dans l'esprit de son auteur, la différence d. sources d'où découlent la thèse et l'antithèse, l'une émanant du témoignage de la conscience, l'autre du témoignage de l'expérience et de la raison. La thèse et l'antithèse sont toutes deux subtilement déduites de raisons prétendues objectives ; et tandis que la thèse ne repose sur rien, si ce n'est sur la *raison paresseuse*, c'est-à-dire sur la nécessité de trouver un point fixe dans un recul à l'infini, l'antithèse, au contraire, a véritablement en sa faveur tous les motifs objectifs [1].

[1]. Kant, en effet, n'a point dit : *Thèse :* Le témoignage de la conscience nous affirme notre libre arbitre. *Antithèse :* Le principe de raison suffisante conduit au déterminisme universel ; — mais bien : *Thèse :* La causalité d'après les lois naturelles n'est pas la seule dont nous puissions dériver tous les phénomènes ; il est nécessaire d'admettre encore une causalité par la liberté. *Preuve.* Tout ce qui arrive suppose un état antérieur : or, cet état antérieur doit être lui-même *devenu* dans le temps (avoir une cause), et ainsi de suite. Si donc tout arrive suivant les seules lois de la nature, il n'y a jamais qu'un commencement *relatif*, et par conséquent aucune intégralité de la série des causes provenant les unes des autres.) — *Antithèse.* — Il n'y a pas de liberté, mais tout dans le monde arrive *suivant*

Cette étude indirecte que nous allons entreprendre maintenant sur le terrain de la faculté cognitive et du monde extérieur qui se présente à elle, jettera en même temps beaucoup de clarté sur la recherche directe que nous avons effectuée jusqu'ici, et servira ainsi à la compléter. Elle dévoilera les illusions naturelles que fait naître l'explication fausse du témoignage si simple de la conscience, lorsque celle-ci entre en conflit avec la perception extérieure, laquelle constitue la faculté cognitive, et a sa racine dans un seul et même sujet où réside également la conscience. Ce n'est même qu'à la fin de cette étude indirecte qu'il se fera un peu de lumière pour nous sur le vrai sens et le vrai contenu de cette affirmation « je veux » qui accompagne toutes nos actions, et sur la conscience de notre causalité immédiate et de notre pouvoir personnel, grâce auxquels les actions que nous faisons sont vraiment *nôtres*. Alors seulement l'investigation conduite jusqu'à présent par des procédés directs recevra enfin son couronnement.

des lois naturelles. — On voit donc que c'est au fond l'ἀνάγκη στῆναι qui est à la base de la Thèse, tandis que l'Antithèse est une déduction rigoureusement logique du principe de causalité.

CHAPITRE III

LA VOLONTÉ DEVANT LA PERCEPTION EXTÉRIEURE.

Si maintenant nous demandons à la perception extérieure des éclaircissements sur notre problème, nous savons d'avance que puisque cette faculté est par essence dirigée vers le dehors, la volonté ne peut pas être pour elle un objet de connaissance immédiate, comme elle paraissait l'être tout à l'heure pour la conscience, qui pourtant a été trouvée un juge incompétent en cette matière. Ce que l'on peut considérer ici, ce sont les êtres *doués de volonté* qui se présentent à l'entendement en tant que phénomènes objectifs et extérieurs, c'est-à-dire en tant qu'objets de l'expérience, et doivent être examinés et jugés comme tels, en partie d'après des règles générales, certaines à *priori*, relatives à la possibilité même de l'expérience, en partie d'après les faits que fournit l'expérience réelle, et que chacun peut constater. Ce n'est donc plus comme auparavant sur la volonté même, telle qu'elle n'est accessible qu'à la conscience, mais *sur les êtres capables de vouloir*, c'est-à-dire sur des objets tombant sous les sens, que notre examen va se porter. Si par là nous sommes condamnés à ne pouvoir considérer l'objet propre de nos recherches que médiatement et à une plus grande distance, c'est là un inconvénient racheté par un précieux avantage; car nous pouvons maintenant faire usage dans nos recherches d'un instrument beaucoup plus parfait que le sens intime, cette conscience si obscure, si sourde, n'ayant vue sur la réalité que d'un seul côté. Notre nouvel instrument d'investigation sera l'intelligence, accompagnée de tous les sens et de toutes les forces cognitives, armées, si j'ose dire, pour la compréhension de l'objectif.

La *forme* la plus générale et la plus essentielle de notre entendement est le principe de causalité : ce n'est même que grâce à ce principe, toujours présent à notre esprit, que le spectacle du monde réel peut s'offrir à nos regards comme un ensemble harmonieux [1], car il nous fait concevoir immédia-

---

[1]. « Le principe de causalité est le père du monde extérieur » (V. Cousin.) Sans lui « on arriverait à considérer l'ensemble des événements et des êtres comme un simple monceau. » (M. Taine).

tement comme des *effets* les affections et les modifications survenues dans les organes de nos sens [1]. Aussitôt la sensation éprouvée, sans qu'il soit besoin d'aucune éducation ni d'aucune expérience préalable, nous passons immédiatement de ces modifications à leurs causes, lesquelles, par l'effet même de cette opération de l'intelligence, se présentent alors à nous comme des *objets situés dans l'espace*. Il suit de là incontestablement que le principe de causalité nous est connu à *priori*, c'est-à-dire comme un *principe nécessaire* relativement à la possibilité de toute expérience en général; et il n'est pas besoin, à ce qu'il semble, de la preuve indirecte, pénible, je dirai même insuffisante, que Kant a donnée de cette importante vérité. Le principe de causalité est établi solidement à *priori*, comme la règle générale à laquelle sont soumis sans exception tous les objets réels du monde extérieur. Le caractère absolu de ce principe est une conséquence même de son *apriorité*. Il se rapporte essentiellement et exclusivement aux modifications phénoménales ; lorsqu'en quelque endroit ou en quelque moment, dans le monde objectif, réel et matériel, une chose quelconque, grande ou petite, éprouve une

---

[1]. On trouvera le développement de cette théorie dans la Dissertation sur le Principe de Raison Suffisante, §.21 de la 2ᵉ édition. (Note de Schopenhauer).

modification, le principe de causalité nous fait comprendre qu'immédiatement avant ce phénomène, un autre objet a dû nécessairement éprouver une modification, de même qu'afin que ce dernier pût se modifier, un autre objet a dû se modifier antérieurement, — et ainsi de suite à l'infini. Dans cette série regressive de modifications sans fin, qui remplissent le temps comme la matière remplit l'espace, aucun point initial ne peut être découvert, ni même seulement pensé comme possible, bien loin qu'il puisse être supposé comme existant. En vain l'intelligence, reculant toujours plus haut, se fatigue à poursuivre le point fixe qui lui échappe : elle ne peut se soustraire à la question incessamment renouvelée : « Quelle est la cause de ce changement? » C'est pourquoi une cause première est absolument aussi *impensable* que le commencement du temps ou la limite de l'espace [1].

---

1. Schopenhauer dit ailleurs « qu'une *cause première* est une *contradictio in adjecto*. » Aussi rejette-t-il dédaigneusement la preuve de l'existence de Dieu dite *par la nécessité d'une cause première*. (Preuve cosmologique). L'ἀνάγκη στῆναι, *nécessité subjective*, peut-elle nous faire admettre l'existence d'un point initial? « Si le principe de causalité est absolu, pourquoi s'arrêter? On ne le peut. Si son énergie est telle qu'il enfante une série infinie de causes, il faut la subir. Quand nous opposons l'ἀνάγκη στῆναι au principe de causalité, n'est-ce pas comme si les principes de nos spéculations se tournaient contre nous pour nous confondre? » (J. Simon, *École d'Alexandrie*, p. 29). Cf. Schopenhauer, *Dissertation sur le Quadruple Principe*, etc. P. 36 et sq.

La loi de causalité atteste non moins sûrement que lorsque la modification antécédente, — la cause — est entrée en jeu, la modifications conséquente qui est amenée par elle — l'effet — doit se produire immanquablement, et avec une nécessité absolue. Par ce caractère de nécessité, le principe de causalité révèle son identité avec le principe de raison suffisante[1], dont il n'est qu'un aspect particulier. On sait que ce dernier principe, qui constitue la forme la plus générale de notre entendement pris dans son ensemble, se présente dans le monde extérieur comme principe de causalité, dans le monde de la pensée comme loi logique du principe de la connaissance, et même dans l'espace vide, considéré à *priori*, comme loi de la dépendance rigoureuse de la position des parties les unes à l'égard des autres; dépendance nécessaire, dont l'étude spéciale et développée est l'unique objet de la géométrie[2]. C'est précisément pour

---

1. Ce point de doctrine a été développé par Schopenhauer dans l'ouvrage qu'on vient de citer. V. aussi quelques belles pages de M. Fouillée, *Philosophie de Platon*, t. II, p 469 et sq.
2. « Suivant Schopenhauer, le principe de raison suffisante a quatre formes : 1º Le principe de raison suffisante du *devenir* qui gouverne tous les changements et constitue ce qu'on appelle d'ordinaire la loi de causalité. 2º Le principe de raison suffisante de la *connaissance*. Sous cette forme, surtout logique, il règle les concepts abstraits, en particulier le jugement. 3º Le principe de raison suffisante de l'*essence* qui régit le monde formel, les in-

cela, comme je l'ai déjà établi en commençant, que le concept de la nécessité et celui de *conséquence d'une raison déterminée*, sont des notions identiques et *convertibles*.

Toutes les modifications qui ont pour théâtre le monde extérieur sont donc soumises à la loi de causalité, et, par conséquent, chaque fois qu'elles se produisent, elles sont revêtues du caractère de la plus stricte nécessité. A cela il ne peut pas y avoir d'exception, puisque la règle est établie à *priori* pour toute expérience possible. En ce qui concerne son application à un cas déterminé, il suffit de se demander chaque fois s'il s'agit d'une modification survenue à un objet réel donné dans l'expérience externe : aussitôt que cette condition est remplie, les modifications de cet objet sont soumises au principe de causalité, c'est-à-dire qu'elles doivent être amenées par une cause, et, partant, qu'elles se produisent d'une façon nécessaire.

Maintenant, armés de cette règle à *priori*, considérons non plus la simple possibilité de l'expérience en général, mais les objets réels qu'elle offre à nos regards, dont les modifications actuelles ou possibles sont soumises au principe général éta-

tuitions à *priori* de temps et d'espace et les vérités mathématiques qui en dérivent. 4° Le principe de raison suffisante de l'action, qu'il appelle aussi loi de motivation, qui s'applique à la causalité des événements internes. » (Ribot, *Philosophie de Schopenhauer*, p. 5).

bli plus haut. Tout d'abord nous observons entre ces objets un certain nombre de différences fondamentales profondément marquées, d'après lesquelles, du reste, on les a classés depuis longtemps : on distingue en effet les corps inorganiques, c'est-à-dire dépourvus de vie, des corps organiques, c'est-à-dire vivants, et ceux-ci à leur tour se divisent en végétaux et en animaux. Ces derniers, bien que présentant des traits de ressemblance essentiels, et répondant à une même idée générale, nous paraissent former une chaîne continue extrêmement variée et finement nuancée (sic), qui monte par degrés jusqu'à la perfection [1], depuis l'animal rudimentaire qui se distingue à peine de la plante, jusqu'aux êtres les plus capables et les plus achevés, qui répondent le mieux à l'idée de

---

1. Un des mérites de la doctrine de Schopenhauer est ce profond sentiment de la continuité de la nature, et de l'étroite parenté des êtres des trois règnes. Il va trop loin en attribuant la volonté aux végétaux — encore le mot volonté a-t-il chez lui un sens beaucoup plus général qu'en français — mais les expériences récentes de Claude Bernard démontrent, contrairement à l'axiome de Cuvier, qu'il faut accorder au moins aux plantes une sensibilité inconsciente, et fort analogue à celle de certains animaux. (*Congrès de Clermont*, 1876). — Les pages que l'on va lire sont d'une haute valeur philosophique, et Schopenhauer a avoué lui-même (Diss. sur la Quadr. Racine, etc.) qu'il en était fort satisfait. Il est extrêmement curieux de les rapprocher d'un passage analogue de la belle thèse de M. Ravaisson sur l'*Habitude* (1838) : ce sont les mêmes idées, quelquefois les mêmes expressions chez les deux philosophes.

l'animalité : au haut terme de cette progression nous trouvons l'homme — nous-mêmes.

Envisageons à présent, sans nous laisser égarer par cette diversité infinie, l'ensemble de toutes les créatures en tant qu'objets réels de l'expérience externe, et essayons d'appliquer notre principe général de causalité aux modifications de toute espèce dont de pareils êtres peuvent être l'objet. Nous trouverons alors que sans doute l'expérience vérifie partout la loi certaine, à *priori*, que nous avons posée; mais en même temps, qu'à la grande différence signalée plus haut entre la nature des objets de l'expérience, correspond aussi une certaine variété dans la manière dont la causalité s'exerce, lorsqu'elle régit les changements divers dont les trois règnes sont le théâtre. Je m'explique. Le principe de causalité, qui régit toutes les modifications des êtres, se présente sous trois aspects, correspondants à la triple division des corps en corps inorganiques, en plantes, et en animaux; à savoir : 1° La Causation, dans le sens le plus étroit du mot; 2° l'Excitation *(Reiz)* ; 3° enfin la Motivation. Il est bien entendu que sous ces trois formes différentes, le principe de causalité conserve sa valeur à *priori*, et que la nécessité de la liaison causale subsiste dans toute sa rigueur.

1° La *causation*, entendue dans le sens le plus étroit du mot, est la loi selon laquelle se produisent tous les changements mécaniques, physiques et chimiques dans les objets de l'expérience. Elle est toujours caractérisée par deux signes essentiels; en premier lieu, que là où elle agit la troisième loi fondamentale de Newton (l'égalité de l'action et de la réaction) trouve son application : c'est-à-dire que l'état antécédent, appelé *la cause*, subit une modification égale à celle de l'état conséquent, qui se nomme l'*effet;* en second lieu, que, conformément à la seconde loi de Newton, le degré d'intensité de l'effet est toujours exactement proportionné au degré d'intensité de la cause, et que par suite une augmentation d'intensité dans l'un entraîne une augmentation égale dans l'autre. Il en résulte que lorsque la manière dont l'effet se produit est connue une fois pour toutes, on peut aussitôt savoir, mesurer, et calculer, d'après le degré d'intensité de l'effet, le degré d'intensité de la cause, et réciproquement. Toutefois, dans l'application empirique de ce second critérium, on ne doit pas confondre l'effet proprement dit avec l'effet apparent [sensible], tel que nous le voyons se produire. Par exemple, il ne faut pas s'attendre à ce que le volume d'un corps soumis à la compression diminue indéfiniment, et dans la proportion même où s'accroît la force comprimante. Car l'espace dans lequel on comprime le corps diminuant toujours, il s'en suit que la résistance augmente : et si, dans ce cas encore, l'effet réel, qui est l'augmentation de densité, s'accroît véritablement en proportion directe de la cause (comme le montre, dans le cas des gaz, la loi de Mariotte), on voit cependant qu'il n'en est pas de même de l'effet apparent, auquel on pourrait vouloir à tort appliquer cette loi. De même, une quantité croissante de chaleur agissant sur l'eau produit jusqu'à un certain degré un échauffement progressif, mais au delà de ce point un excès de chaleur ne provoque plus qu'une évaporation rapide [1]. Ici encore, comme dans un grand nombre d'autres cas, la même relation existe entre l'intensité de la cause et l'intensité réelle de l'effet. C'est uniquement sous la loi d'une pareille causation (dans le sens le plus étroit du mot), que s'opèrent les changements de tous les corps privés de vie, c'est-à-dire inorganiques. La connaissance et la prévision de causes de cette espèce éclairent l'étude de tous les phénomènes qui sont l'objet de la mécanique, de l'hydrostatique, de la physique et de la chimie. La possibilité exclusive d'être déterminé par des causes agissant de la sorte est, par conséquent, le caractère distinctif, essentiel, d'un corps inorganique.

---

1. On explique ce fait de la façon la plus simple par la théorie mécanique de la chaleur.

2° La seconde forme de la causalité est l'*excitation*, caractérisée par deux particularités : 1° Il n'y a pas proportionnalité exacte entre l'action et la réaction correspondante ; 2° On ne peut établir aucune équation entre l'intensité de la cause et l'intensité de l'effet. Par suite, le degré d'intensité de l'effet ne peut pas être mesuré et déterminé d'avance lorsqu'on connaît le degré d'intensité de la cause : bien plus, une très-petite augmentation dans la cause excitatrice peut provoquer une augmentation très-grande dans l'effet, ou au contraire annuler complétement l'effet obtenu par une force moindre, et même en amener un tout opposé. Par exemple, on sait que la croissance des plantes peut être activée d'une façon extraordinaire par l'influence de la chaleur, ou de la chaux mélangée à la terre, agissant comme stimulants de leur force vitale : mais pour peu que l'on dépasse la juste mesure dans le degré de l'excitation, il en résultera non plus un accroissement d'activité et une maturité précoce, mais la mort de la plante. C'est ainsi que nous pouvons par l'usage du vin ou de l'opium tendre les énergies de notre esprit, et les exalter d'une façon notable ; mais si nous dépassons une certaine limite, le résultat est tout à fait opposé. — C'est cette forme de la causalité, désignée sous le nom d'excitation, qui détermine toutes les modifications des organismes, *considé-*

rés comme tels. Toutes les métamorphoses successives et tous les développements des plantes, ainsi que toutes les modifications uniquement organiques et végétatives, ou *fonctions* des corps animés, se produisent sous l'influence d'excitations. C'est de cette façon qu'agissent sur eux la lumière, la chaleur, l'air, la nourriture, — qu'opèrent les attouchements, la fécondation, etc. — Tandis que la vie des animaux, outre ce qu'elle a de commun avec la vie végétative, se meut encore dans une sphère toute différente, dont je vais parler à l'instant, la vie des plantes, au contraire, se développe tout entière sous l'influence de l'excitation. Tous leurs phénomènes d'assimilation, leur croissance, la tendance de leurs tiges vers la lumière, de leurs racines vers un terrain plus propice, leur fécondation, leur germination, etc., ne sont que des modifications dues à l'excitation. Dans quelques espèces, d'ailleurs fort rares, on constate, outre les qualités énumérées plus haut, la production d'un mouvement particulier et rapide, qui lui-même n'est que la conséquence d'une excitation, et qui leur a fait donner cependant le nom de *plantes sensitives*. Ce sont principalement, comme on sait, la *Mimosa pudica*, le *Hedysarum gyrans*, et la *Dionœa muscipula*. La détermination exclusive et absolument générale par l'excitation est le caractère distinctif des plantes.

On peut donc considérer comme appartenant au règne végétal tout corps, dont les mouvements et modifications particulières et conformes à sa nature se produisent toujours et exclusivement sous l'influence de l'excitation.

3° La troisième forme de la causalité motrice est particulière au règne animal, et le caractérise : c'est la *motivation*, c'est-à-dire la causalité agissant par l'intermédiaire de l'entendement. Elle intervient dans l'échelle naturelle des êtres au point où la créature ayant des besoins plus compliqués et par suite fort variés, ne peut plus les satisfaire uniquement sous l'impulsion des excitations, qu'elle devrait toujours attendre du dehors ; il faut alors qu'elle soit en état de choisir, de saisir, de rechercher même, les moyens de donner satisfaction à ces nouveaux besoins. Voilà pourquoi, dans les êtres de cette espèce, on voit se substituer à la simple *réceptivité des excitations*, et aux mouvements qui en sont la conséquence, la *réceptivité des motifs*, c'est-à-dire une faculté de représentation, un intellect, offrant d'innombrables degrés de perfection, et se présentant matériellement sous la forme d'un système nerveux et d'un cerveau, avec le privilége de la connaissance. On sait d'ailleurs qu'à la base de la vie animale est une vie purement végétative, qui en cette qualité ne procède que sous l'influence de l'excitation. Mais tous ces mouvements d'un ordre supérieur que l'animal accomplit *en tant qu'animal*, et qui pour cette raison dépendent de ce que la physiologie désigne sous le nom de *fonctions animales*, se produisent à la suite de la perception d'un objet, par conséquent sous l'influence de *motifs*. On comprendra donc sous l'appellation d'*animaux* tous les êtres dont les mouvements et modifications caractéristiques et conformes à leur nature, s'accomplissent sous l'impulsion des motifs, c'est à-dire de certaines représentations présentes à leur entendement, dont l'existence est déjà présupposée par elles. Quelques innombrables degrés de perfection que présentent dans la série animale la puissance de la faculté représentative, et le développement de l'intelligence, chaque animal en possède pourtant une quantité suffisante pour que les objets extérieurs puissent agir sur lui, et provoquer ses mouvements, en tant que motifs [1]. C'est cette force motrice intérieure, dont chaque manifestation individuelle est provoquée par un motif, que la conscience perçoit intérieurement, et que nous désignons sous le nom de volonté.

---

1. C'est-à-dire en tant que *causes finales* de ces mouvements. Il y a là un point qu'il ne faut pas perdre de vue : l'action des motifs *sur* la volonté est toujours l'action de la volonté *vers* les motifs, et les déterministes seraient peut-être embarrassés d'expliquer pourquoi un acte est absolument nécessité par cela seul qu'il a un *but*.

Savoir si un corps donné se meut d'après des excitations ou d'après des motifs, c'est ce qui ne peut jamais faire de doute même pour l'observation externe (et c'est à ce point de vue que nous nous sommes placés ici). L'excitation et les motifs agissent en effet de deux manières si complétement différentes, qu'un examen même superficiel ne saurait les confondre. Car l'excitation agit toujours par contact immédiat, ou même par *intussusception*, et là où le contact n'est pas apparent, comme dans les cas où la cause excitatrice est l'air, la lumière, ou la chaleur, ce mode d'action se trahit néanmoins parce que l'effet est dans une proportionnalité manifeste avec la durée et l'intensité de l'excitation, quand même cette proportionnalité ne reste pas constante à tous les degrés. Dans le cas, au contraire, où c'est un motif qui provoque le mouvement, ces rapports caractéristiques disparaissent complétement. Car ici l'intermédiaire propre entre la cause et l'effet n'est pas l'atmosphère, mais seulement l'entendement. L'objet agissant comme motif n'a absolument besoin, pour exercer son influence, que d'être perçu et connu; il n'importe plus de savoir pendant combien de temps, avec quel degré de clarté, et à quelle distance (du sujet), l'objet perçu est tombé sous les sens. Toutes ces particularités ne changent rien ici à l'intensité de l'effet; dès que l'objet a été seulement perçu, il agit d'une façon tout à fait constante; — à supposer toutefois qu'il puisse être un principe de détermination pour la volonté individuelle qu'il s'agit d'émouvoir. Sous ce rapport, d'ailleurs, il en est de même des causes physiques et chimiques, parmi lesquelles on range toutes les excitations, et qui ne produisent leur effet que si le corps à affecter présente à leur action une *réceptivité* propice. Je disais tout à l'heure : « de la volonté qu'il s'agit d'émouvoir, » car, comme je l'ai déjà indiqué, ce qui est désigné ici sous le nom de volonté, force immédiatement et intérieurement présente à la conscience des êtres animés, est cela même qui, à proprement parler, communique au motif la force d'action, et le ressort caché du mouvement qu'il sollicite. Dans les corps qui se meuvent exclusivement sous l'influence de l'excitation, les végétaux, nous appelons cette condition intérieure et permanente d'activité, la force vitale — dans les corps qui ne se meuvent que sous l'influence de motifs (dans le sens le plus étroit du mot), nous l'appelons force naturelle, ou l'*ensemble de leurs qualités* [1]. Cette énergie intérieure doit toujours être posée d'avance, et antérieurement à toute explication (des phénomènes),

---

1. « Qualitaet. » On traduirait plus exactement ce mot par le terme scolastique de *quiddité* (ποιότης) correspondant au τό τί ἦν εἶναι d'Aristote, qu'on a nommé plus tard la *forme substantielle*. (V. Aristote, *Métaph*. VII, 6.)

comme quelque chose d'*inexplicable*, parce qu'il n'est dans le sombre intérieur des êtres aucune conscience aux regards de laquelle elle puisse être immédiatement accessible. Maintenant, laissant de côté le monde phénoménal, pour diriger nos recherches sur ce que Kant appelle la *chose en soi*, nous pourrions nous demander si cette condition intérieure de la *réaction* de tous les êtres sous l'influence de motifs extérieurs, subsistant même dans le domaine de l'inconscient et de l'inanimé, ne serait peut-être pas essentiellement identique à ce que nous désignons en nous-mêmes sous le nom de volonté, comme un philosophe contemporain a prétendu le démontrer ; — mais c'est là une hypothèse que je me contente d'indiquer, sans vouloir toutefois y contredire formellement [1].

Par contre, je ne dois pas laisser sans examen la différence qui, dans la motivation même, constitue l'excellence de l'entendement humain relativement à celui de tout autre animal. Cette excellence, que désigne à proprement parler le mot *raison*, consiste en ce que l'homme n'est pas seulement capable, comme l'animal, de percevoir par les sens le monde extérieur, mais qu'il sait aussi, par

---

1. « On comprend que c'est de moi-même qu'il s'agit en ce passage, mais je ne pouvais m'exprimer à la première personne, l'*incognito* étant de rigueur. » (Note de Schopenhauer.) — V. Th. Ribot, *Ouvr. cit.*, p. 63-02.

l'abstraction, tirer de ce spectacle des notions générales (*notiones universales*), qu'il désigne par des mots, afin de pouvoir les fixer et les conserver dans son esprit. Ces mots donnent lieu ensuite à d'innombrables combinaisons, qui toujours, il est vrai, comme aussi les notions dont elles sont formées, se rapportent au monde perçu par les sens, mais dont l'ensemble constitue cependant ce qu'on appelle la pensée, grâce à laquelle peuvent se réaliser les grands avantages de la race humaine sur toutes les autres, à savoir le langage, la réflexion, la mémoire du passé, la prévision de l'avenir, l'intention, l'activité commune et méthodique d'un grand nombre d'intelligences, la société politique, les sciences, les arts, etc. Tous ces priviléges dérivent de la faculté particulière à l'homme de former des représentations non sensibles, abstraites, générales, que l'on appelle *concepts* (c'està-dire *formes collectives* et universelles de la réalité sensible), parce que chacune d'elles comprend une *collection* considérable d'individus [1]. Cette faculté fait défaut aux animaux, même aux plus intelligents : aussi n'ont-ils d'autres représentations que des représentations sensibles, et ne connaissent-ils que ce qui tombe immédiatement sous leurs sens,

---

1. En allemand, *Begriff*, concept ou notion, vient du verbe *begreifen*, qui signifie *comprehendere*. La rigueur philosophique de la langue est ici parfaite.

vivant uniquement renfermés dans le moment présent. Les mobiles par lesquels leur volonté est influencée doivent par suite être toujours présents et sensibles. Il en résulte que leur choix ne peut être que fort limité, car il ne peut s'exercer qu'entre les objets accessibles à l'instant même à leur vue bornée et à leur pouvoir représentatif étroit, c'est-à-dire contigus dans l'espace et dans le temps. De ces objets, celui qui est le plus fort en tant que motif détermine aussitôt leur volonté : chez eux, par conséquent, la causalité directe du motif se révèle d'une façon très-manifeste. Le dressage, qui n'est qu'une crainte opérant par l'intermédiaire de l'habitude, constitue une exception *apparente* à ce qui précède ; les actes instinctifs en sont une autre, *véritable* sous certains rapports ; car l'animal, en vertu de l'instinct qui est en lui, est mû, *dans l'ensemble* de ses actions, non pas, à proprement parler, par des motifs, mais par une impulsion et une puissance intérieures. Cette impulsion cependant, *dans le détail* des actions individuelles et pour chaque moment déterminé, est dirigée d'une façon précise par des motifs, ce qui nous permet de rentrer dans la donnée générale. L'examen plus approfondi de la théorie de l'instinct m'entraînerait ici trop loin de mon sujet : le 27° chapitre du second volume de mon ouvrage principal y est consacré. — L'homme, par contre, grâce à sa capacité de former des représentations non sensibles, au moyen desquelles *il pense et réfléchit*, domine un horizon infiniment plus étendu, qui embrasse les objets absents comme les objets présents, l'avenir comme le passé : il offre donc, pour ainsi dire, une surface beaucoup plus grande à l'action des motifs extérieurs, et peut, par conséquent, exercer son choix entre un nombre beaucoup plus considérable d'objets que l'animal, dont les regards sont bornés aux limites étroites du présent. En général, ce n'est pas ce qui est immédiatement présent dans l'espace et dans le temps à sa perception sensible, qui détermine ses actions : ce sont bien plus souvent de simples pensées, qu'il porte partout avec lui dans sa tête et qui peuvent le soutraire à l'action immédiate et fatale de la réalité présente [1]. Lorsqu'elles ne remplissent pas ce rôle, on dit que l'homme agit *déraisonnablement :* au contraire, on dit que sa conduite est *raisonnable,* lorsqu'il agit uniquement sous l'influence de pensées bien mûries, et par suite complétement indépendantes de l'impression des objets sensibles présents. Le fait même que l'homme est dirigé dans ses actes par une classe particulière de représentations que l'animal ne connaît pas (notions abstraites, pensées) se révèle jusque dans son existence intérieure ;

---

1. *Fatis avolsa voluntas.*

car l'homme imprime à toutes ses actions, même aux plus insignifiantes, même à ses mouvements et à ses pas, l'empreinte et le caractère de l'*intentionnalité* et de la préméditation. Ce caractère différencie si nettement la manière d'agir de l'homme de celle des animaux, que l'on conçoit par quels fils déliés et à peine visibles (les motifs constitués par de simples pensées) ses mouvements sont dirigés, tandis que les animaux sont mus et gouvernés par les grossières et visibles attaches de la réalité sensible. Mais la différence entre l'homme et l'animal ne s'étend pas plus loin. La pensée devient motif, comme la perception devient motif, aussitôt qu'elle peut exercer son action sur une volonté humaine. Or tous les motifs sont des causes, et toute causalité entraîne la nécessité. L'homme peut d'ailleurs, au moyen de sa faculté de penser, évoquer devant son esprit dans l'ordre qui lui plaît, en les intervertissant ou en les ramenant à plusieurs reprises, les motifs dont il sent l'influence peser sur lui, afin de les placer successivement devant le tribunal de sa volonté; c'est en cette opération que consiste la *délibération* [1].

---

[1]. Il y a là une inconséquence grave. Si Schopenhauer reconnaît à l'homme le pouvoir de faire agir les motifs sur sa volonté *dans l'ordre qui lui plaît*, la question du libre arbitre est résolue contre les déterministes. Qu'est-ce d'ailleurs que cet être qui *veut* séparé de sa volonté, puisque c'est sur elle-même que se porte sa volition ? Est-ce

L'homme est capable de délibération, et, en vertu de cette faculté, il a, entre divers actes possibles, un choix beaucoup plus étendu que l'animal. Il y a déjà là pour lui une liberté relative, car il devient indépendant de la contrainte immédiate des objets présents, à l'action desquels la volonté de l'animal est absolument soumise. L'homme, au contraire, se détermine indépendamment des objets présents, d'après des idées, qui sont *ses motifs à lui*. Cette liberté relative n'est en réalité pas autre chose que le libre arbitre tel que l'entendent des personnes instruites, mais peu habituées à aller au fond des choses : elles reconnaissent avec raison dans cette faculté un privilège exclusif de l'homme sur les animaux. Mais cette liberté n'est pourtant que *relative*, parce qu'elle nous soustrait à la contrainte des objets présents, et *comparative*, en ce qu'elle nous rend supérieurs aux animaux [1].

la substance dernière qui nous constitue, un *substratum* de nos facultés, auquel Schopenhauer se voit malgré lui obligé d'accorder la liberté ? Ce serait le cas de rappeler les paroles d'un profond philosophe que nous avons plus d'une fois cité dans ces notes : « Le nécessaire ne saurait être primitif... le libre peut seul offrir ce caractère. Le principe des choses ne peut pas être une nécessité de quelque genre qu'elle soit, mais une liberté, parce que la liberté seule est infinie et absolue. »

1. C'est cette liberté relative que revendique seule l'auteur des lignes suivantes, auxquelles a souscrit M. Ravaisson : « De ce que la volonté dépend toujours des motifs qui la déterminent, faut-il conclure que la volonté n'est pas libre ? Non ; car ces motifs qui *me* déterminent

Elle ne fait que modifier la *manière* dont s'exerce la motivation, mais la *nécessité* de l'action des motifs n'est nullement suspendue, ni même diminuée. Le motif abstrait, consistant simplement dans une pensée, est un motif extérieur, nécessitant la volonté, aussi bien que le motif sensible, produit par la présence d'un objet réel : par suite, c'est une cause aussi bien que tout autre motif, et même, comme les autres, c'est toujours un motif réel, matériel, en tant qu'il repose en dernière analyse sur une impression de l'extérieur, perçue en quelque lieu et à quelque époque que ce soit. La seule différence est dans la longueur plus grande du fil directeur des mouvements humains : je veux dire par là que les motifs de cette espèce n'agissent pas comme les motifs purement sensibles, sous la condition expresse de l'immédiation dans le temps et dans l'espace, mais que leur influence s'étend à une distance plus grande, à un intervalle plus long, grâce à l'enchaînement successif de notions et de pensées se rattachant les unes aux autres. La cause en est dans la constitution même, et dans l'éminente *réceptivité* de l'organe qui subit l'influence des motifs, et se modifie en

---

sont *mes* motifs. En leur obéissant c'est à moi que j'obéis, et la liberté consiste précisément à ne dépendre que de soi. » — « Ces explications, remarque un critique, sont peut-être fortes contre le déterminisme, mais elles le sont encore plus contre le libre arbitre. »

conséquence, à savoir le cerveau de l'homme, ou la raison. Mais cela n'atténue pas le moins du monde la puissance causale des motifs, ni la nécessité avec laquelle s'exerce leur action. Ce n'est donc qu'en considérant la réalité d'une façon très-superficielle qu'on peut prendre pour une *liberté d'indifférence* cette liberté relative et comparative dont nous venons de parler. La faculté délibérative qui en provient n'a en vérité d'autre effet que de produire le conflit si souvent pénible entre les motifs, que précède l'irrésolution, et dont le champ de bataille est l'âme et l'intelligence tout entière de l'homme. Il laisse, en effet, les motifs essayer à plusieurs reprises leurs forces respectives sur sa volonté[1], en se contrebalançant les uns les autres, de manière que sa volonté se trouve dans la même situation qu'un corps sur lequel différentes forces agissent en des directions opposées, — jusqu'à ce qu'enfin le motif le plus fort oblige les autres à lui céder la place et détermine seul la volonté. C'est cette issue du conflit des motifs qui s'appelle la résolution, et qui se trouve revêtue, en cette qualité, d'un caractère d'absolue nécessité.

Si maintenant nous envisageons encore une fois toute la série des formes de la causalité, parmi les-

1. V. la note de la page 69. Schopenhauer accuse l'idée du libre arbitre d'être *impensable :* il paraît qu'il éprouve lui-même quelque difficulté à rester conséquent avec son idée déterministe.

LA VOLONTÉ DEVANT LA PERCEPTION EXTÉRIEURE 73

quelles on distingue nettement les *causes* dans le sens le plus étroit du mot, puis les *excitations*, et enfin les *motifs* (qui eux-mêmes se subdivisent en motifs sensibles et en motifs abstraits), nous remarquerons que, lorsque nous parcourons de bas en haut la série des êtres, la cause et l'effet se différencient de plus en plus, se distinguent plus clairement et deviennent plus hétérogènes, la cause devenant de moins en moins matérielle et palpable ; — de sorte qu'il semble qu'à mesure que l'on avance, la cause contient toujours moins de force, et l'effet toujours davantage ; le lien qui existe entre la cause et l'effet devient fugitif, insaisissable, invisible [1]. Dans la causation mécanique, ce lien est le plus apparent de tous, et c'est pour-

1. Il est intéressant de voir comment M. Ravaisson tire de prémisses presque semblables une conclusion tout à fait opposée : nous résumons ses paroles plutôt que nous ne les reproduisons : « Dans la vie inorganique, l'action et la réaction sont égales : dès le premier degré de la vie animale, elles s'écartent et se différencient de plus en plus. Les affections de la réceptivité et les actes de la spontanéité deviennent de plus en plus différents en grandeur : une cause hyper-organique apparaît. Car si la réaction est de plus en plus indépendante de l'action à laquelle elle répond, il faut nécessairement qu'il y ait un centre qui leur serve de commune limite, où l'une arrive et dont l'autre parte. D'ailleurs ce n'est pas un moyen terme indifférent comme le centre des forces opposées du levier; c'est un centre qui, par sa propre vertu, mesure et dispense la force. Ce juge, ce dispensateur de l'action, *c'est l'âme libre.* — Ainsi semble apparaître dans l'empire de la Nature le règne de la connaissance, de la prévoyance, et poindre la première lueur de la liberté. » Rap-

quoi cette forme de la causalité est la plus facile à comprendre : de là cette tendance née au siècle dernier, encore subsistante en France, et qui plus récemment s'est révélée même en Allemagne, de ramener toute espèce de causalité à celle-là, et d'expliquer par des causes mécaniques tous les phénomènes physiques et chimiques, puis, en s'appuyant sur la connaissance de ceux-ci, d'expliquer mécaniquement jusqu'au phénomène de la vie [1]. Le corps qui donne une impulsion meut le corps immobile qui la reçoit, et il perd autant de force qu'il en communique ; en ce cas nous voyons immédiatement la cause se transformer en un effet de même nature : ils sont tous les deux parfaitement homogènes, exactement commensurables, et en même temps sensibles. Il en est ainsi dans tous les phénomènes purement mécaniques. Mais l'on trouvera que ce mode d'action se transforme de plus en plus à mesure que l'on remonte l'échelle des êtres, et que les différences indiquées plus haut tendent à s'accentuer.

prochez cette conception de la liberté de celle qui est exposée à la p. 70, en note.

1. C'est l'*iatro-physicisme*. « Le mécanisme de Descartes et de Boerhaave subsiste encore, sinon à l'état de doctrine, du moins à l'état de tendance. Il y a aujourd'hui, et il y aura longtemps encore, des physiciens convaincus qu'on peut ramener tous les phénomènes de la nature, même ces phénomènes si délicats et si compliqués de l'organisation, aux lois générales du mouvement. » (E. Saisset, *Revue des Deux-Mondes*, 15 août 1862.)

Que l'on examine, pour s'en convaincre, le rapport entre l'effet et la cause à différents degrés d'intensité, par exemple, entre la chaleur en tant que cause et ses divers effets, tels que la dilatation, l'ignition, la fusion, l'évaporation, la combustion, la thermo-électricité, etc., — ou entre l'évaporation en tant que cause, et le refroidissement, la cristallisation, qui en sont les effets : ou entre le frottement du verre, envisagé comme cause, et le développement de l'électricité libre avec ses singuliers phénomènes ; ou bien entre l'oxydation lente des plaques, et le galvanisme, avec tous les phénomènes électriques, chimiques, et magnétiques qui s'y rattachent. Donc la cause et l'effet se différencient de plus en plus, deviennent de plus en plus hétérogènes, leur lien devient plus difficile à saisir, l'effet semble renfermer plus que la cause, parce que celle-ci paraît de moins en moins palpable et matérielle. Toutes ces différences se manifestent plus clairement encore quand nous passons au règne organique, où ce ne sont plus que de simples excitations, — tantôt extérieures comme celles de la lumière, de la chaleur, de l'air, du sol, de la nourriture ; tantôt intérieures, comme l'action des sucs et l'action réciproque des organes — qui agissent comme causes, tandis que la vie, dans sa complication infinie et ses variétés d'aspect innombrables, se présente comme l'effet et la résultante de toutes ces causes, sous les différentes formes de l'existence végétale et animale [1].

Mais pendant que cette hétérogénéité, cette incommensurabilité, cette obscurité toujours croissante des rapports entre la cause et l'effet se manifestent dans le règne organique, la nécessité que la liaison causale impose se trouve-t-elle atténuée en rien? Aucunement, pas le moins du monde. La même nécessité qui fait qu'une bille en roulant met en mouvement la bille qui est en repos, fait qu'une bouteille de Leyde, quand on la tient d'une main et qu'on la touche de l'autre, se décharge, — que l'arsenic tue tout être vivant, que le grain de semence, qui, préservé dans un milieu sec, n'a, pendant des milliers d'années, subi aucune transformation, aussitôt qu'on l'enfouit dans un terrain propice, qu'on le soumet à l'action de la lumière, de l'air, de la chaleur, de l'humidité, doit germer, croître, et se développer jusqu'à devenir une plante. La cause est plus compliquée, l'effet plus hétérogène, mais la nécessité de son intervention n'est pas diminuée de l'épaisseur d'un cheveu *(sic)*[2].

Dans la vie des plantes et dans la vie végétative des animaux, l'excitation et la fonction organique

---

1. V. l'ouvrage de Schopenhauer intitulé « *La volonté dans la nature,* » p. 80 de la 2ᵉ édition, où ces idées sont reprises avec quelques développements.
2. C'est là une affirmation qui aurait besoin d'être prouvée; Schopenhauer conclut de l'inférieur au supérieur.

provoquée par elle, sont, il est vrai, fort différentes sous tous les rapports, et peuvent être nettement distinguées l'une de l'autre. Cependant elles ne sont pas encore à proprement parler *séparées*, et il faut toujours que le passage de l'une à l'autre s'effectue par un contact, quelque léger et quelque imperceptible qu'il soit. La séparation complète ne commence à se produire que dans la vie animale, dont les actes sont provoqués par des motifs; dès lors la cause, qui jusque-là était toujours rattachée matériellement à l'effet, se montre complétement indépendante de lui, d'une nature tout à fait différente, tout immatérielle, et n'est qu'une simple représentation. C'est donc dans le motif qui provoque les mouvements de l'animal que cette hétérogénéité de la cause et de l'effet, leur différenciation de plus en plus profonde, leur incommensurabilité, l'immatérialité de la cause, et, par suite, son manque apparent d'intensité quand on la compare à l'effet, — atteignent leur plus haut degré. L'inconcevabilité du rapport qui les lie deviendrait même absolue, si ce rapport, comme les autres relations causales, ne nous était connu que par le dehors; or, on sait qu'il n'en est pas ainsi. Une connaissance d'une autre nature, tout intérieure, complète celle que les phénomènes nous donnent, et nous percevons au dedans de nous la transformation que subit la cause, avant de se manifester de nouveau comme effet. L'instrument de cette transformation, nous le désignons par un *terminus ad hoc* : la volonté. Que d'autre part, ici comme ailleurs, comme dans le cas le plus simple de l'excitation, la causalité n'a rien perdu de son pouvoir nécessitant, c'est ce que nous prononçons d'une façon décisive aussitôt que nous reconnaissons l'existence d'un rapport de causalité entre l'effet et la cause, et que nous *pensons* ces deux phénomènes par rapport à cette forme essentielle de notre entendement. En outre, nous trouvons que la motivation est essentiellement analogue aux deux autres formes de la causalité examinées plus haut, et qu'elle n'est que le degré le plus élevé auquel celles-ci atteignent dans leur évolution progressive. Au plus bas degré de l'échelle animale, le motif est encore très-voisin de la simple excitation : les zoophytes, les radiaires en général, les acéphales parmi les mollusques, n'ont qu'un faible crépuscule de connaissance, juste ce qu'il en faut pour apercevoir leur nourriture ou leur proie, pour l'attirer vers eux, quand elle se présente, ou même, en cas de nécessité, pour changer leur séjour contre un plus favorable. Aussi, dans ces êtres inférieurs, l'action du motif nous semble-t-elle encore aussi claire, aussi immédiate, aussi apparente, que celle de l'excitation. Les petits insectes sont attirés par l'éclat de la lumière jusque dans la flamme : la mouche vient

se poser avec confiance sur la tête du lézard, qui
à l'instant même, sous ses yeux, a englouti une de
ses pareilles. Qui songera ici à la liberté? Chez les
animaux supérieurs et plus intelligents, l'influence
des motifs devient de plus en plus médiate : en
effet le motif se différencie de plus en plus nettement de l'action qu'il provoque, à tel point que
l'on pourrait même se servir de ce degré de différenciation entre l'intensité du motif et celle de
l'acte qui en résulte, pour mesurer l'intelligence des
animaux. Chez l'homme, cette différence devient
incommensurable. Par contre, même chez les animaux les plus sagaces, la *représentation*, qui agit
comme motif de leurs actions, doit toujours encore
être une image sensible : même là où un choix
commence déjà à être possible, il ne peut s'exercer
qu'entre deux objets sensibles également présents.
Le chien reste hésitant entre l'appel de son maître et la vue d'une chienne : le motif le plus fort
détermine son action, et la nécessité avec laquelle
elle se produit alors n'est pas moins rigoureuse
que celle d'un effet mécanique. De même nous
voyons un corps soustrait à sa position d'équilibre, osciller pendant quelque temps de droite à
gauche, jusqu'à ce qu'il soit décidé de quel côté
se trouve son centre de gravité, et qu'il se préci-
pite dans cette direction. Or, aussi longtemps que
la motivation est bornée à des représentations sen-

sibles, son affinité avec l'excitation et la causation en général devient encore plus apparente par ce fait que le motif, en tant que cause active, doit être quelque chose de réel et de présent, et même exercer encore sur les sens, par la lumière, le son, ou par l'odeur, une action qui, bien que médiate, reste toujours cependant une action physique. En outre, pour l'observateur, la cause est ici aussi apparente que l'effet : il voit le motif entrer en jeu et l'action de l'animal en être l'inévitable conséquence, aussi longtemps qu'aucun autre motif non moins frappant, ou l'effet du dressage, n'influe en sens contraire. Il est impossible de mettre en doute le lien qui les rattache. C'est pourquoi il n'entrera même dans l'esprit de personne de prêter aux animaux une liberté d'indifférence, c'est-à-dire de leur attribuer des actes qui ne soient déterminés par aucune cause.

Mais dès que la faculté cognitive devient le privilége d'un être raisonnable, dès qu'elle devient capable de s'étendre aux objets non sensibles, de s'élever à des notions abstraites et à des idées, alors les motifs deviennent tout à fait indépendants du moment présent et des objets immédiatement contigus; ils restent par suite cachés à l'observateur. Car ce ne sont plus que de simples idées, que l'homme porte avec lui dans sa tête, dont l'origine est toujours cependant dans la réalité extérieure, quoique souvent bien loin en arrière dans le passé; tantôt en effet il les doit à l'expérience personnelle des années écoulées, tantôt à une tradition communiquée par l'écriture ou par la parole, datant même des temps les plus reculés, mais ayant toujours pourtant un *commencement réel et objectif*. — Ajoutons que grâce à la combinaison souvent difficile de circonstances extérieures fort compliquées, beaucoup d'erreurs, et, par l'effet de la tradition, beaucoup d'illusions, par suite aussi beaucoup de folies, doivent être comptées parmi les motifs humains. Il faut encore remarquer que l'homme cache souvent à tout le monde les motifs de sa conduite, parfois même à sa propre conscience, comme dans les cas où il a honte de s'avouer le véritable motif qui le pousse à faire telle ou telle chose. Cependant, dès que l'on perçoit ses actes, on cherche par conjecture à en pénétrer les motifs, et on les présuppose avec autant de confiance et de sûreté que la cause physique des mouvements sensibles des corps bruts, dans la conviction que les uns comme les autres sont impossibles sans causes. En accord avec ce qui vient d'être dit, nous faisons aussi entrer en ligne de compte, dans la formation de nos projets et la construction de nos plans, l'influence des divers motifs sur l'esprit des hommes. Nous le faisons même avec une sûreté qui pourrait devenir égale à celle avec laquelle on calcule les effets des appareils de mécanique, si l'on pouvait connaître aussi exactement le caractère individuel des hommes avec lesquels on est en rapport, que la longueur et l'épaisseur des planches, le diamètre des roues, le poids des fardeaux, etc. C'est là une hypothèse (l'influence des motifs sur les actes humains) à laquelle chacun se conforme instinctivement tant qu'il tourne ses regards vers le dehors, qu'il a affaire avec ses semblables, et qu'il poursuit des buts pratiques : car c'est à ceux-là surtout que l'intelligence humaine est véritablement destinée. Mais dès que l'homme essaie de juger la question au point de vue théorique et philosophique, ce qui n'est pas à proprement parler dans le rôle de son intelligence, et qu'il se fait lui-même l'objet de son jugement, il se laisse tromper par l'immatérialité des motifs humains, consistant en simples pensées, qui ne se rattachent à rien de présent ni à rien de ce qui l'entoure, et dont les obstacles mêmes ne sont que de simples pensées, agissant comme des motifs contraires. Alors il met en doute leur existence, ou, en tous les cas, la nécessité de leur action, et s'imagine que ce qu'il fait, il pourrait aussi bien ne pas le faire, que la volonté se décide spontanément, sans motifs, et que chacun de ses actes est le premier anneau d'une série de modifications impossibles à calculer et à prévoir. Cette illusion se trouve encore renforcée par la fausse interprétation du témoignage de la conscience : « Je peux faire ce que je veux », surtout lorsque ce témoignage, qui accompagne du reste tous nos actes, se fait entendre à nous au moment même où s'exerce l'influence de plusieurs motifs, s'excluant l'un l'autre, et sollicitant tour à tour la volonté.

Telle est, dans toute sa complexité, la source de l'illusion naturelle qui nous fait croire à tort que la conscience affirme l'existence du libre arbitre, en ce sens que, contrairement à tous les principes à *priori* de la raison pure et à toutes les lois naturelles, la volonté seule soit une force capable de se décider sans raison suffisante, dont les résolutions, en des circonstances données, pour un seul et même individu, puissent incliner indifféremment dans une direction ou dans l'autre.

Pour élucider d'une façon spéciale et aussi claire que possible l'origine de cette erreur si importante pour notre thèse, et compléter par là l'étude du témoignage de la conscience entreprise au chapitre précédent, nous allons nous figurer un homme, qui, se trouvant par exemple à la rue, se dirait : « Il est à présent six heures du soir, ma journée de travail est finie. Je peux maintenant faire une promenade ; ou bien je peux aller au club ; je peux aussi monter sur la tour, pour voir le coucher du soleil; je peux aussi aller au théâtre, je peux faire une visite à tel ami ou à tel autre ; je peux même m'échapper par la porte de la ville, m'élancer au milieu du vaste univers, et ne jamais revenir... Tout cela ne dépend que de moi, j'ai la pleine liberté d'agir à ma guise ; et cependant je n'en ferai rien, mais je vais rentrer *non moins volontairement* au logis, auprès de ma femme. » C'est exactement comme si l'eau disait : « Je peux m'élever bruyamment en hautes vagues (oui certes, lorsque la mer est agitée par une tempête !) — je peux descendre d'un cours précipité en emportant tout sur mon passage (oui, dans le lit d'un torrent), — je peux tomber en écumant et en bouillonnant (oui, dans une cascade), — je peux m'élever dans l'air, libre comme un rayon (oui, dans une fontaine), — je peux enfin m'évaporer et disparaître (oui, à 100 degrés de chaleur) ; — et cependant je ne fais rien de tout cela, mais je reste de mon plein gré, tranquille et limpide, dans le miroir du lac. » Comme l'eau ne peut se transformer ainsi que lorsque des causes déterminantes l'amènent à l'un ou à l'autre de ces états ; de même l'homme ne peut faire ce qu'il se persuade être en son pouvoir, que lorsque des motifs particuliers l'y déterminent. Jusqu'à ce que les causes interviennent, tout acte lui est impossible : mais une fois qu'elles agissent sur lui, il *doit*, aussi bien que l'eau, agir comme l'exigent les circonstances correspondant à chaque cas. Son erreur, et en général l'illusion provenant ici d'une fausse interprétation du témoignage de la conscience (qu'il puisse, en un instant donné, accomplir indifféremment ces divers actes), repose, à y regarder de près, sur ce fait, que son imagination ne peut se rendre présente qu'une seule image à la fois, laquelle, au moment où elle lui apparaît, exclut toutes les autres. Si maintenant il se *représente* le motif d'une de ces actions proposées comme possibles, il en sent immédiatement l'influence sur sa volonté, qui est sollicitée par lui : le terme technique pour désigner ce mouvement est *velléité* [1]. Mais il s'imagine qu'il *peut* aussi transformer cette *velléité* en *volition*, c'est-à-dire accomplir l'action qu'il envisage actuellement : et c'est en cela que consiste son illusion. Car aussitôt la réflexion interviendrait et rappellerait à son souvenir les motifs agissant sur lui dans d'autres sens, ou les motifs contraires : et alors il verrait qu'il ne *peut* pas réaliser cette action. Pendant que des motifs s'excluant l'un l'autre se succèdent de la sorte devant l'esprit, avec l'accompagnement perpétuel de l'affirmation intérieure : « Je peux faire ce que je veux, » la volonté se meut comme une gi-

---

[1]. C'est la *velléité*, à proprement parler, que Schopenhauer a confondue plus haut (p. 30) avec le désir.

rouette[1] sur un support bien graissé et par un vent inconstant ; elle se tourne aussitôt du côté de chaque motif que l'imagination lui représente ; tous les possibles influent sur elle tour à tour ; et l'homme croit à chaque fois qu'il est dans son pouvoir de *vouloir* telle ou telle chose, et de fixer la girouette en telle ou telle position ; ce qui est une pure illusion. Car son affirmation « je peux vouloir ceci » est en vérité hypothétique, et il doit la compléter en ajoutant : « si je ne préfère telle autre chose. » Mais cette restriction seule suffit pour infirmer l'hypothèse d'un pouvoir absolu du moi sur la volonté. — Reprenons l'exemple de tout à l'heure, notre individu qui délibère à six heures du soir, et figurons-nous qu'il s'aperçoive tout à coup que je me tiens derrière lui, que je philosophe sur son compte, et que je lui conteste la liberté d'accomplir tous les actes qui lui sont possibles ; alors il pourrait facilement arriver que, pour me contredire, il en accomplît un quelconque : mais en ce cas ce serait justement l'expression de mon doute et l'influence qu'elle a exercée sur son esprit de contradiction, qui auraient été les motifs nécessitants de son action[2].

1. Comparaison reprise de Bayle.
2. Les déterministes réfutent ainsi l'argument puéril dit *des paris*, qui vaut tout au plus contre le *fatalisme mahométan*, et qu'on s'étonne de retrouver dans *Le Devoir* (p. 5). M. Fouillée en a fait justice. (*Liberté et Déterminisme*, p. 15)

Toutefois une pareille circonstance ne pourrait le décider qu'à l'une ou à l'autre des actions *faciles* parmi celles qu'il lui est loisible d'accomplir, par exemple d'aller au théâtre, mais nullement à celle que j'ai nommée en dernier lieu, d'aller courir les aventures dans le monde ; pour cela un *motif de contradiction* serait beaucoup trop faible. — Telle est encore l'erreur de beaucoup de gens, qui, tenant à la main un pistolet chargé, s'imaginent qu'il est en leur pouvoir de se tuer en le déchargeant. Pour l'accomplissement d'un acte semblable, le moyen mécanique d'exécution est ce qu'il y a de moins important. La condition capitale est l'intervention d'un motif d'une force écrasante, et par là même fort rare, possédant la puissance énorme qui est nécessaire pour contrebalancer en nous l'amour de la vie, ou plus exactement la crainte de la mort. Ce n'est qu'après qu'un pareil motif est entré en jeu, que l'on *peut* se décider vraiment, et alors il le *faut*, — à moins qu'il ne se présente un motif opposé plus puissant encore, si toutefois il peut en exister de tel.

Je peux faire ce que je veux : je peux, si je veux, donner aux pauvres tout ce que je possède, et devenir pauvre moi-même — si je veux ! — Mais il n'est pas en mon pouvoir de le vouloir, parce que les motifs opposés ont sur moi beaucoup trop d'empire. Par contre, *si j'avais un autre carac-*

tère, et si je poussais l'abnégation jusqu'à la sainteté, alors je pourrais vouloir pareille chose : mais alors aussi je ne pourrais pas m'empêcher de la faire, et je la ferais *nécessairement*. — Tout cela s'accorde parfaitement avec le témoignage de la conscience « je peux faire ce que je veux », où aujourd'hui encore quelques philosophâtres sans cervelle s'imaginent trouver la preuve du libre arbitre[1], et qu'ils font valoir en conséquence comme une vérité de fait que la conscience atteste. Parmi ces derniers se distingue M. Cousin, qui mérite sous ce rapport une mention honorable, puisque dans son *Cours d'Histoire de la Philosophie*, professé en 1819-1820, et publié par Vacherot, 1841, il enseigne que le libre arbitre est le fait le plus certain dont témoigne la conscience (vol. I, p. 19, 20) ; et il blâme Kant de n'avoir démontré la liberté que par la loi morale, et de l'avoir énoncée comme un postulat, tandis qu'en vérité elle est un fait : « Pourquoi démontrer ce qu'il suffit de constater? » (Page 50). « La liberté est un fait, et non une croyance » (Ibid.). — D'ailleurs il ne manque pas

---

1. Maine de Biran, Fénelon, Bossuet, et même Descartes « *notre* grand Descartes, le fondateur de la philosophie subjective, » comme l'appelle quelque part Schopenhauer, ont admis la liberté d'indifférence comme un fait attesté par la conscience. Schopenhauer finira par reconnaître que la conscience de la spontanéité implique un acte libre, mais il le placera en dehors du temps (p. 185).

non plus en Allemagne d'ignorants, qui, jetant au vent tout ce que de grands penseurs ont dit à ce sujet depuis deux cents ans et se targuant du témoignage de la conscience tel qu'il a été analysé plus haut (témoignage qu'ils interprètent à faux, de même que le vulgaire en général), préconisent le libre arbitre comme une vérité de fait. Et cependant je leur fais peut-être tort; car il se peut qu'ils ne soient pas aussi ignorants qu'ils le paraissent, mais seulement qu'ils aient bien faim, et que, dans l'espoir d'un morceau de pain très-sec, ils enseignent tout ce qui pourra être bien vu par un haut ministère [1].

Ce n'est nullement une métaphore, ni une hyperbole, mais seulement une vérité bien simple et bien élémentaire, que, de même qu'une bille

---

[1]. « Hobbes, Spinoza, Priestley, Voltaire, même Kant, ont déjà enseigné avant moi la détermination rigoureuse des actes. Cela n'empêche point que nos dignes professeurs de philosophie parlent du libre arbitre comme d'une chose dont on ne doute plus. Mais enfin, je le demande à ces messieurs, pourquoi s'imaginent-ils que ces grands hommes que je viens de nommer ont, par un bienfait de la nature, paru sur la terre? Pour qu'ils puissent, *eux*, vivre de la philosophie, — n'est-ce pas?..... » — (Dissertation sur le Quadruple Principe, etc....) — « Une seconde classe de gens qui vivent du besoin métaphysique de l'homme, ce sont ceux qui vivent de la philosophie. On les appelait chez les Grecs sophistes; chez les modernes, ce sont les professeurs de philosophie. Mais il arrive rarement que ceux qui vivent *de* la philosophie vivent *pour* la philosophie. » (*Welt als Wille*, t. II, chap. 17; passage traduit par M. Ribot, p. 28 de l'ouvr. cité.)

sur un billard ne peut entrer en mouvement, avant d'avoir reçu une impulsion, ainsi un homme ne peut se lever de sa chaise, avant qu'un motif ne l'y détermine : mais alors il se lève d'une façon aussi nécessaire et aussi inévitable que la boule se meut après avoir reçu l'impulsion. Et s'attendre à ce qu'un homme agisse de quelque manière, sans qu'aucun intérêt ne l'y sollicite, c'est comme si j'allais m'imaginer qu'un morceau de bois pût se mettre en mouvement pour venir vers moi, sans être tiré par une corde [1]. Celui qui soutenant cette théorie dans une société rencontrerait une contradiction obstinée, se tirerait d'affaire de la façon la plus expéditive en priant un tiers de s'écrier tout à coup d'une voix forte et convaincue : « Le plafond s'écroule ! » et les contradicteurs devraient bien vite se ranger à son opinion, et confesser qu'un motif peut être aussi puissant pour faire fuir des gens hors d'une maison que la cause mécanique la plus efficace.

L'homme, en effet, ainsi que tous les objets de l'expérience, est un phénomène dans l'espace et dans le temps, et comme la loi de la causalité vaut à *priori* pour tous les phénomènes, et par suite

---

1. Toutes les comparaisons de ce genre pèchent par la base : elles reposent sur une confusion systématique entre les causes efficientes et les causes finales. (V. *suprà*, p. 62.)

ne souffre pas d'exception, l'homme doit aussi être soumis à cette loi. C'est cette vérité que proclame la raison pure à *priori*, que confirme l'analogie qui persiste dans toute la nature, que l'expérience de tous les jours démontre à chaque instant, pourvu qu'on ne se laisse pas tromper par l'apparence. Ce qui produit l'illusion c'est que, tandis que les êtres de la nature, s'élevant de degré en degré, deviennent de plus en plus compliqués, et que leur réceptivité, naguère purement mécanique, se perfectionne graduellement jusqu'à devenir chimique, électrique, excitable, sensible, et s'élève enfin jusqu'à la réceptivité intellectuelle et rationnelle, la nature des causes influentes doit en même temps suivre cette gradation d'un pas égal, et se modifier à chaque degré en rapport avec l'être qui doit subir leur action ; c'est pourquoi aussi les causes paraissent de moins en moins palpables et matérielles, de sorte qu'à la fin elles ne sont plus visibles à l'œil, mais seulement accessibles à la raison, qui, dans chaque cas particulier, les présuppose avec une confiance inébranlable et les découvre aussi après les recherches suffisantes. Car ici les causes agissantes se sont élevées à la hauteur de simples pensées, qui se trouvent en lutte avec d'autres pensées, jusqu'à ce que la plus puissante porte le premier coup et mette la volonté en mouvement ; toutes opérations qui se poursuivent avec la même nécessité dans l'enchaînement causal, que lorsque des causes purement mécaniques, dans une liaison compliquée, agissent à l'encontre les unes des autres, et que le résultat calculé d'avance arrive immanquablement. Cette exception apparente aux lois de la causalité, résultant de l'invisibilité des causes, paraît se produire aussi bien dans le cas des petites balles de liége électrisées qui sautent dans toutes les directions sous la cloche de verre, que dans celui des mouvements humains : seulement, ce n'est pas à l'œil qu'il appartient de juger, mais à la raison.

Si l'on admet le libre arbitre, chaque action humaine est un miracle inexplicable, un effet sans cause. Et si l'on essaie de se représenter cette liberté d'indifférence, on se convaincra bientôt qu'en présence d'une telle notion la raison est absolument paralysée : les formes mêmes de l'entendement y répugnent. Car le principe de raison suffisante, le principe de la détermination universelle et de la dépendance mutuelle des phénomènes, est la forme la plus générale de notre entendement, laquelle, suivant la diversité des objets qu'il considère, revêt elle-même des aspects fort différents [1]. Mais ici il faut que nous nous figurions quelque chose qui détermine sans être déterminé, qui ne dépende de rien, mais dont

1. Voyez la note de la page 53.

d'autres choses dépendent, qui, sans nécessité et par suite sans raison, produit actuellement A, tandis qu'il pourrait aussi bien produire B, ou C, ou D, et cela dans des circonstances identiques, c'est-à-dire sans qu'il y ait à présent rien en A, qui puisse lui faire donner la préférence sur B (car ce serait là un motif, et par conséquent une cause), pas plus que sur C ou sur D. Nous sommes ramenés ici à la notion indiquée dès le commencement de ce travail (p. 11), celle du *hasard absolu*. Je le répète : une telle notion paralyse complétement l'esprit, à supposer même qu'on réussisse à la lui faire concevoir.

Il convient maintenant de nous rappeler ce qu'est une cause en général : *La modification antécédente qui rend nécessaire la modification conséquente*[1]. Jamais aucune cause au monde ne tire son effet entièrement d'elle-même, c'est-à-dire ne le crée *ex nihilo*[2]. Il y a toujours une matière sur laquelle elle s'exerce, et elle ne fait qu'occasionner à un moment, en un lieu, et sur un être

---

1. La définition scolastique : « *Per causam intelligo id quo sublato tollitur effectus,* » a le défaut de s'appliquer aussi bien aux *conditions* d'un fait qu'à sa *cause*.
2. Il est assez remarquable que ceux qui nient la création et soutiennent l'*aséité* du monde, nient aussi le libre arbitre : Spinoza, les matérialistes du XVIIIᵉ siècle, Schopenhauer (*V. infrà*, p. 141) sont dans ce cas. — L'analogie profonde qui existe entre l'acte créateur de la toute-puissance divine et l'acte libre de la volonté humaine, a

donnés, une modification qui est toujours conforme
à la nature de cet être, et dont la *possibilité* devait
donc préexister en lui. Par conséquent chaque effet
est la résultante de deux facteurs, un intérieur et
un extérieur : l'énergie naturelle et originelle de la
matière sur laquelle agit la force en question, et la
cause déterminante, qui oblige cette énergie à se
réaliser, en passant de la puissance à l'acte. Cette
énergie primitive est présupposée par toute idée de
causalité et par toute explication qui s'y rapporte ;
aussi une explication de ce genre, quelle qu'elle
soit, n'explique jamais tout, mais laisse toujours
en dernière analyse quelque chose d'inexplicable.
C'est ce que nous constatons à chaque instant dans
la physique et la chimie. L'explication des phéno-

été marquée en ces termes par Cousin : « L'homme ne
tire point du néant l'action qu'il n'a pas faite encore et
qu'il va faire, il la tire de la puissance très-réelle qu'il
a de la faire. La création divine est de la même nature.
Dieu en créant l'univers ne le tire pas du néant, qui
n'existe pas, qui est un pur mot, il le tire de lui-même,
de cette puissance de causation et de création dont nous
possédons une faible partie, etc. » (*Cours de l'Hist. de la
Phil. moderne*, t. I, p. 100 sqq.) Telle n'est pas l'opinion
de M. Vacherot, pour qui l'idée de la création est d'autant
plus obscure qu'elle ne rappelle aucune vérité d'expérience. « Le plus inintelligible des mystères, c'est la création *ex nihilo*... Et cela est tout simple : pour qu'une explication, si hypothétique qu'elle soit, devienne intelligible,
il faut qu'elle se fonde sur une analogie quelconque. *Or
il n'est aucune opération*... qui puisse éveiller dans l'esprit l'idée de la création *ex nihilo*. » (*Revue des Deux-
Mondes* du 1er septembre 1876.)

mènes, c'est-à-dire des effets, ainsi que les raisonnements qui ramènent ces phénomènes à leur source dernière, présupposent toujours l'existence de certaines forces naturelles. Une force naturelle considérée en elle-même n'est soumise à aucune explication, mais elle est le principe de toute explication. De même, elle n'est non plus soumise en elle-même à aucune causalité, mais elle est précisément *ce qui donne à chaque cause la causalité*, c'est-à-dire la possibilité de produire son effet. Elle-même est le *substratum* commun de tous les effets de cette espèce, et est présente dans chacun d'eux. C'est ainsi que les phénomènes magnétiques peuvent être ramenés à une force originelle, appelée électricité. L'explication ne peut pas aller plus loin : elle ne donne que les conditions sous lesquelles une pareille force se manifeste, c'est-à-dire les causes qui *provoquent son activité*. Les explications de la mécanique céleste présupposent toutes comme force primitive la gravitation, en vertu de laquelle les causes individuelles, qui déterminent la marche des corps célestes, exercent leur action. Les explications de la chimie présupposent les forces cachées, qui se manifestent, en tant qu'affinités électives, d'après certains rapports stœchiométriques, et sur lesquelles reposent en dernière analyse tous les effets qui, appelés par des causes que l'on détermine à l'avance, entrent en jeu avec une exactitude rigoureuse. Ainsi encore les explications de la physiologie présupposent la force vitale, qui réagit dans les phénomènes vitaux sous l'influence d'excitations spéciales, intérieures et extérieures. Il en est de même pour toutes les sciences. Il n'est point jusqu'aux causes dont s'occupe la science si claire de la mécanique, comme la poussée et la pression, qui ne présupposent l'impénétrabilité, la cohésion, la rigidité, la dureté, l'inertie, la pesanteur, l'élasticité, propriétés naturelles des corps qui dérivent des forces irréductibles dont nous avons parlé plus haut. Il s'en suit que les causes en général ne déterminent jamais que le *quando* et le *ubi* des manifestations de certaines forces originelles, impénétrables, sans lesquelles elles n'existeraient pas en tant que causes, c'est-à-dire en tant que forces actives, produisant nécessairement certains effets particuliers.

Ce qui est vrai des causes dans le sens le plus étroit du mot, ainsi que des excitations, l'est également des motifs, puisque la motivation ne diffère pas essentiellement de la causation en général, mais n'en est qu'une forme particulière, à savoir la causation qui opère par l'intermédiaire de l'entendement. Ici encore la cause ne fait que provoquer la manifestation d'une force irréductible à des forces plus simples, et qu'il faut admettre comme un fait premier et inexplicable, laquelle, portant le nom de *volonté* [1], se distingue des autres forces de la nature en ce qu'elle ne se fait pas seulement sentir à nous par le dehors, mais, grâce à la conscience, nous est aussi connue par le dedans et immédiatement. Ce n'est qu'avec la présupposition qu'une telle volonté existe, et, dans chaque cas particulier, qu'elle a une nature déterminée, que les causes dirigées sur elle, appelées ici motifs, peuvent exercer leur action. Cette nature spéciale et individuellement déterminée de la volonté, en vertu de laquelle sa réaction sous l'influence de motifs identiques diffère d'un homme à l'autre, constitue ce qu'on appelle le *caractère* de chacun, et même (parce qu'il n'est pas connu *à priori*, mais seulement à la suite de l'expérience), son *caractère empirique*. C'est la *nature* de ce caractère qui détermine le mode d'action particulier des différents motifs sur chaque individu donné. Car il est à la base de tous les effets que les motifs provoquent, comme les forces naturelles générales sont à l'origine des effets

---

[1]. « Mais si on se pose cette question dernière : « Cette volonté qui se manifeste dans le monde et par le monde, qu'est-elle absolument et en elle-même? » *Il n'y a aucune réponse possible à cette question*, puisque être connu est en contradiction avec être en soi et que tout ce qui est connu est par là-même phénomène. » (*Welt als Wille*, t. II, ch. 25 — Cité par M. Ribot, p. 92).

produits par les causes prises dans le sens le plus étroit du mot, comme la force vitale est à la source des phénomènes produits par les excitations. Et de même que toutes les forces de la nature, il est, lui aussi, primitif, inaltérable, impénétrable. Chez les animaux, il varie d'espèce à espèce; chez les hommes, d'individu à individu. Ce n'est que dans les animaux supérieurs les plus intelligents que se montre déjà un caractère individuel nettement défini, au dessus duquel le caractère général de l'espèce se révèle toujours encore comme dominant.

Le caractère de l'homme est : 1° Individuel : il diffère d'individu à individu. Sans doute, les traits généraux du caractère spécifique forment la base commune de tous, et c'est pourquoi certaines qualités principales se retrouvent chez tous les hommes. Mais il y a là une telle différence dans le plus et le moins, dans la combinaison des qualités et leur modification les unes par les autres, que la dissemblance morale des caractères peut être considérée comme égale à celle des facultés intellectuelles, ce qui veut beaucoup dire, — et que toutes les deux sont incomparablement plus considérables que les inégalités corporelles entre un géant et un nain, entre Apollon et Thersite. C'est pourquoi l'action d'un même motif varie tant d'un homme à un autre, de même que la lumière du soleil blanchit la cire et noircit le chlorure d'argent, et que la chaleur ramollit la cire, mais durcit l'argile. C'est pourquoi encore la connaissance des motifs ne suffit pas pour prédire l'action qui doit en résulter : il faut en outre la connaissance exacte du caractère qu'ils sollicitent.

2° Le caractère de l'homme est *empirique*. Par l'expérience seule on apprend à le connaître, non-seulement tel qu'il est dans autrui, mais tel qu'il est en nous-mêmes. Aussi n'est-on pas moins souvent désillusionné sur son propre compte que sur celui des autres, lorsque l'on découvre qu'on ne possède pas telle ou telle qualité, par exemple la justice, le désintéressement, la bravoure, au même degré qu'on le supposait, avec trop de complaisance pour soi. Dans le cas d'un choix difficile qui se trouve soumis à notre volonté, notre résolution finale reste pour nous-mêmes un secret, comme la résolution d'une personne étrangère, aussi longtemps que nous ne nous sommes pas décidés : tantôt nous pensons qu'elle inclinera d'un côté, tantôt de l'autre, selon que tel ou tel motif est présenté plus immédiatement à la volonté par l'entendement, et qu'il essaie au moment même sa force sur elle : c'est alors que cette pensée « je peux faire ce que je veux » nous offre l'apparence trompeuse d'une affirmation du libre arbitre. Enfin le motif le plus fort fait valoir définitivement son droit sur la volonté ; et le choix tombe souvent autrement que nous ne supposions d'abord. Par suite, nul ne peut savoir comment un autre homme, ni même comment lui en personne agira dans une circonstance déterminée, avant qu'il ne s'y soit trouvé. Ce n'est qu'après une épreuve subie qu'il peut être certain des autres et de lui-même. Mais alors il peut l'être en toute sécurité : l'amitié éprouvée, des serviteurs éprouvés, sont les choses les plus sûres du monde [1]. En général, nous traitons un homme qui nous est exactement connu, comme toute chose, dont nous avons déjà appris à connaître les qualités, et nous prévoyons avec assurance, dans l'avenir, ce qu'il nous est permis ou non d'attendre de lui. Celui qui a fait une fois telle chose, agira encore de même le cas échéant, en bien comme en mal. Aussi celui qui a besoin d'une aide considérable, extraordinaire, s'adressera-t-il de préférence à un homme ayant donné des preuves de sa grandeur d'âme : et celui qui veut aposter un meurtrier, jettera les yeux sur les gens qui ont déjà trempé leurs mains dans le sang. D'après le récit d'Hérodote (VII, 164), Gélon de Syracuse, se trouvant dans la nécessité de confier une très-forte somme à un homme pour la porter à l'étranger, choisit à cet effet Kadmos, qui avait donné jadis un

---

1. Mme Necker a écrit dans le même esprit : « La probité reconnue est le plus sûr de tous les serments. »

témoignage éclatant d'une loyauté et d'une bonne foi rares et même inouïes. Sa confiance fut pleinement justifiée. — Pareillement, ce n'est que par l'expérience, et à mesure que l'occasion s'en présente, que notre connaissance de nous-mêmes s'approfondit, et c'est sur elle que repose notre confiance ou notre méfiance en nos propres moyens. Selon que dans un cas nous avons montré de la réflexion, du courage, de la loyauté, de la discrétion, de la délicatesse, ou toute autre qualité que pouvaient réclamer les circonstances, — ou que nous avons donné la preuve de l'absence de ces qualités, cette connaissance plus intime avec nous-mêmes nous inspire de la satifaction ou du mécontentement touchant notre propre nature. Ce n'est que la connaissance exacte de son caractère empirique qui donne à l'homme ce qu'on appelle le *caractère acquis* : celui-là le possède, qui connait exactement ses qualités personnelles, les bonnes comme les mauvaises, et voit par là sûrement ce qu'il peut ou ne peut pas attendre et exiger de lui-même. Il *joue* dès lors son rôle, que naguère, au moyen de son caractère empirique, il ne faisait que *naturaliser* (réaliser), — avec art et méthode, fermeté et convenance, sans jamais, comme on dit, se départir de son caractère, ce qui n'arrive qu'à ceux qui entretiennent quelque illusion sur leur propre compte.

3° Le caractère de l'homme est invariable : il reste le même pendant toute la durée de sa vie. Sous l'enveloppe changeante des années, des circonstances où il se trouve, même de ses connaissances et de ses opinions, demeure, comme l'écrevisse sous son écaille, l'homme identique et individuel, absolument immuable et toujours le même. Ce n'est que dans sa direction générale et dans sa *matière* que son caractère éprouve des modifications apparentes, qui résultent des différences d'âges, et des besoins divers qu'ils suscitent. L'*homme même* ne change jamais : comme il a agi dans un cas, il agira encore, si les mêmes circonstances se présentent (en supposant toutefois qu'il en possède une connaissance exacte). L'expérience de tous les jours peut nous fournir la confirmation de cette vérité : mais elle semble le plus frappante, quand on retrouve une personne de connaissance après vingt ou trente années, et qu'on découvre bientôt qu'elle n'a rien changé à ses procédés d'autrefois. — Sans doute plus d'un niera en paroles cette vérité : et cependant dans sa conduite il la présuppose sans cesse, par exemple quand il refuse à tout jamais sa confiance à celui qu'il a trouvé une seule fois malhonnête, et, inversement, lorsqu'il se confie volontiers à l'homme qui s'est un jour montré loyal. Car c'est sur elle que repose la possibilité de toute connaissance des hommes, ainsi que la ferme confiance que l'on a en ceux qui ont donné des marques incontestables de leur mérite. Et même lorsqu'une pareille confiance nous a trahis une fois, nous ne disons jamais : « le caractère d'un tel a changé », mais : « je me suis abusé sur son compte. » C'est en vertu de ce même principe que lorsque nous voulons juger de la valeur morale d'une action, nous cherchons avant tout à connaître avec certitude le motif qui l'a inspirée, et qu'alors notre louange ou notre blâme ne porte pas sur le motif, mais sur le caractère qui s'est laissé déterminer par lui, en tant que second facteur de cette action, et le seul qui soit inhérent à l'homme. — C'est pourquoi aussi l'honneur véritable (non pas l'honneur chevaleresque, qui est celui des fous), une fois perdu, ne se retrouve jamais, mais que la tache d'une seule action méprisable reste attachée à l'homme, et, comme on dit, le stigmatise. De là le proverbe : « Voleur un jour, volera toujours. » — De même encore, si dans quelque affaire d'État importante il a été jugé nécessaire de recourir à la trahison, et partant de récompenser le traître dont on a employé les services, une fois le but atteint, la prudence commande d'éloigner cet homme, parce que les circonstances peuvent changer, tandis que son caractère ne le peut pas. — Pour le même motif, on sait que le plus grave défaut d'un auteur dramatique est que ses caractères ne se soutiennent pas, c'est-à-dire qu'ils ne soient pas tracés d'un bout à l'autre comme ceux que nous ont représentés les grands poëtes, avec la constance et l'inflexible logique qui président au développement d'une force naturelle (je l'ai prouvé par un exemple emprunté à Shakespeare, Parerga, V, 2, § 118, p. 196 de la 1re édition). — C'est encore sur cette vérité que repose la possibilité de la conscience morale, qui nous reproche jusque dans la vieillesse les méfaits de notre jeune âge. C'est ainsi, par exemple, que J.-J. Rousseau, après plus de quarante ans, se rappelait avec douleur avoir accusé la servante Marion d'un vol, dont il était lui-même l'auteur. Cela n'est explicable qu'en admettant que le caractère soit resté invariable dans l'intervalle; puisque au contraire les plus ridicules méprises, la plus grossière ignorance, les plus étonnantes folies de notre jeunesse ne nous font pas honte dans l'âge mûr; car tout cela a changé, c'était l'affaire de l'intelligence, nous sommes revenus de ces erreurs, et nous les avons mises de côté depuis longtemps comme nos habits de jeunes hommes. — De là découle encore ce fait, qu'un homme, même quand il a la connaissance la plus claire de ses fautes et de ses imperfections morales, quand il les déteste même, quand il prend la plus ferme résolution de s'en corriger, ne se corrige néanmoins jamais complétement ; bientôt, malgré de sérieuses résolutions, malgré des promesses sincères, il s'égare de nouveau, quand l'occasion s'en présente, sur le même sentier qu'auparavant, et s'étonne lui-même quand on le surprend à mal faire [1]. Sa *connaissance* seule peut être redressée : on peut arriver à lui faire comprendre que tels ou tels moyens, qu'il employait autrefois, ne conduisent pas à son but, ou lui procurent plus de dommage que de profit : alors il change de moyens, mais non de but. C'est là le principe du système pénitencier américain : il ne se propose pas d'améliorer le caractère, le cœur même du coupable, mais plutôt de rétablir l'*ordre* dans sa tête, et de lui montrer que ces mêmes fins, qu'il poursuit nécessairement en vertu de sa nature et de son caractère, lui coûteront à atteindre beaucoup plus de difficulté, de fatigue, et de danger, sur le chemin de la malhonnêteté suivi par lui jusque-là, que sur la voie de la probité, du travail et de la tempérance. En général ce n'est que jusqu'à la région de la *connaissance* que s'étend la sphère de toute amélioration possible et de tout

---

1. Les poètes anciens ont souvent exprimé cette vérité, mais aucun ne l'a fait avec autant de vigueur que Perse (V, 159) :

Nam et luctata canis nodum abripit : attamen illi
Quum fugit, a collo trahitur pars longa catenæ.

ennoblissement de l'âme. Le caractère est invariable, l'action des motifs fatale : mais ils doivent avant d'agir passer par l'entendement, qui est le *medium* des motifs. Or celui-ci est susceptible à des degrés infinis des perfectionnements les plus divers et d'un redressement incessant : c'est là le but même vers lequel tend toute éducation. La culture de l'intelligence, enrichie de connaissances et de vues de toute sorte, dérive son importance de ce que des motifs d'ordre supérieur, auxquels sans cette culture l'homme ne serait pas accessible, peuvent se frayer ainsi un chemin jusqu'à sa volonté. Aussi longtemps que l'homme ne pouvait pas *comprendre* ces motifs, ils étaient pour sa volonté comme s'ils n'existaient pas. C'est pourquoi, les circonstances extérieures restant identiques, la position d'un homme relativement à une résolution possible peut être fort différente la seconde fois de ce qu'elle était la première : il peut, pendant l'intervalle, être devenu capable de concevoir les mêmes circonstances d'une façon plus exacte et plus complète, et c'est ainsi que des motifs, auxquels il était autrefois inaccessible, peuvent l'influencer aujourd'hui. Dans ce sens les scolastiques disaient très-justement : « *Causa finalis* (le but, le motif) *movet non secundum suum esse reale, sed secundum esse cognitum..* (Le motif meut [la volonté] non d'après ce qu'il est en soi mais seulement en tant qu'il est connu.) Mais aucune influence morale ne peut avoir pour résultat d'autre redressement que celui de la *connaissance* et l'entreprise de vouloir corriger les défauts du caractère d'un homme par des discours et des sermons de morale, et de transformer ainsi sa nature même et sa propre moralité, n'est pas moins chimérique que celle de changer le plomb en or en le soumettant à une influence extérieure, ou d'amener un chêne, par une culture très-soignée, à produire des abricots [1].

Cette invariabilité fondamentale du caractère se trouve déjà affirmée comme un fait indubitable dans Apulée (*Oratio de Magiâ*), où, se défendant de l'accusation de magie, il en appelle à son caractère bien connu, et s'exprime ainsi [2] : « La moralité d'un homme est le plus sûr témoignage, et si quelqu'un a constamment persévéré dans la vertu ou dans le mal, ce doit être le plus fort argument de toute poursuite ou de toute justification [2]. »

---

1. Théognis : ἀλλὰ διδάσκων — οὔποτε ποιήσεις τὸν κακὸν ἄνδρ' ἀγαθόν. — Schopenhauer citait encore souvent le mot de Sénèque : *Velle non discitur*. Il est vrai qu'on pourrait lui répondre avec le même philosophe : *Non dat natura virtutem : ars est bonum fieri*.

2. *Certum indicium cujusque animum esse, qui semper eodem ingenio ad virtutem vel ad malitiam moratus, firmum argumentum est accipiendi criminis, aut respuendi.* — Trad. de M. Bétolaud.

4° Le caractère individuel est inné : il n'est pas une œuvre d'art [1], ni le produit de circonstances fortuites, mais l'ouvrage de la nature elle-même. Il se manifeste d'abord chez l'enfant, et montre dès lors en petit ce qu'il doit être en grand. C'est pourquoi deux enfants, soumis à une même éducation et à l'influence d'un même entourage, ne tardent pas cependant à révéler le plus clairement possible deux caractères essentiellement distincts : ce sont les mêmes qu'ils auront un jour étant vieillards. Dans ses traits généraux, le caractère est même héréditaire, mais du côté du père seulement, l'intelligence par contre venant de la mère : sur ce point, je renvoie au chapitre 45 de mon ouvrage capital [2] (*Welt als Wille*).

De cette explication de l'essence du caractère individuel, il résulte sans doute que les vertus et les vices sont choses innées. Cette vérité peut paraître choquante à plus d'un préjugé et à plus d'une philosophie de vieilles commères [3], jalouse de ménager les prétendus intérêts pratiques, c'est-à-

---

1. Les Stoïciens anciens et modernes ont mille fois répété que l'homme est *artifex vitœ, artifex sui,* « l'ouvrier de sa nature morale, et l'artisan de son bonheur ou de son malheur ici-bas. »

2. Schopenhauer aimait à se citer lui-même comme un exemple à l'appui de cette théorie, du reste sans valeur. (V. Ribot, ouvr. cit., p. 11.)

3. *Rockenphilosophie*, mot à mot, *philosophie de quenouilles*.

dire ses idées mesquines, étroites, et ses vues bornées d'écoles primaires ; mais telle était déjà la conviction du père de la morale, Socrate, qui, selon le témoignage d'Aristote (*Ethica magna*, 1,9), prétendait « qu'il ne dépend pas de nous d'être bons on méchants. » Les raisons qu'Aristote invoque contre cette thèse sont manifestement mauvaises ; d'ailleurs il partage lui-même sur ce point l'opinion de Socrate, et il l'exprime de la façon la plus claire dans l'*Éthique à Nicomaque* (vi, 11) : « Tout le monde croit que chacune des qualités morales que nous possédons se trouve en quelque mesure en nous par la seule influence de la nature. Ainsi, nous sommes disposés à devenir équitables et justes, sages et courageux, et à développer d'autres vertus, dès le moment de notre naissance. » (*Trad. de M. Barthélemy Saint-Hilaire.*)

Et si l'on considère l'ensemble des vertus et des vices tels qu'Aristote les a résumés en un rapide tableau dans son ouvrage « *De virtutibus et vitiis*, » on reconnaîtra que tous, supposés existant chez des hommes réels, ne peuvent être pensés que comme des qualités innées, et ne sauraient être *vrais* que comme tels : par contre, s'ils étaient nés de la réflexion et acceptés par la volonté, ils ressembleraient, à vrai dire, à une sorte de comédie, ils seraient *faux*, et par suite on ne pourrait compter aucunement ni sur leur persistance, ni sur leur durée, sous la pression variable des circonstances. Il en est de même de cette vertu chrétienne de l'amour, *caritas*, ignorée d'Aristote comme de tous les anciens. Comment se pourrait-il que la bonté infatigable d'*un* homme, aussi bien que la perversité incorrigible, profondément enracinée de tels autres, le caractère d'un Antonin, d'un Adrien, d'un Titus, d'une part, et celui de Caligula, de Néron, de Domitien de l'autre, fussent en quelque sorte nés du dehors, l'ouvrage de circonstances fortuites, ou une pure affaire d'intelligence et d'éducation ! Sénèque ne fut-il pas le précepteur de Néron ? — C'est bien plutôt dans le caractère inné, ce noyau véritable de l'homme moral tout entier, que résident les germes de toutes ses vertus et de tous ses vices. Cette conviction naturelle à tout homme sans préjugés guidait déjà la plume de Velleius Paterculus, quand il écrivait les lignes suivantes sur Caton (II, 35) : « Caton était l'image de la vertu même. Plus semblable aux Dieux qu'aux hommes, par sa droiture et par son génie, il ne fit jamais le bien pour paraître le faire, mais *parce qu'il lui était impossible de faire autrement* [1]. » (Trad. française de M. Herbet.)

---

[1]. « Ce passage tend à devenir peu à peu une arme régulière dans l'arsenal des déterministes, honneur auquel

Au contraire, dans l'hypothèse du libre arbitre, la vertu et le vice, ou plus généralement ce fait, que deux hommes semblablement élevés, dans des circonstances tout à fait pareilles, et soumis aux mêmes influences, peuvent agir tout différemment, voire même de deux façons diamétralement opposées, sont des choses dont il est absolument impossible de se rendre compte. La dissemblance effective, originelle, des caractères, est inconciliable avec la supposition d'un libre arbitre consistant en ce que tout homme, dans quelque position qu'il se trouve, puisse agir également bien de deux façons opposées. Car alors il faudrait qu'à l'origine son caractère fût une *tabula rasa*, comme l'est l'intelligence d'après Locke, et n'eût d'inclination innée ni dans un sens, ni dans un autre ; parce que toute tendance primitive supprimerait déjà le parfait équilibre, tel qu'on se le figure dans l'hypothèse de la

---

le bon vieil historien, il y a dix-huit cents ans, n'avait certainement jamais rêvé. Hobbes l'a relevé le premier, et après lui Priestley. Ensuite Schelling l'a reproduit, à la p. 478 de sa dissertation sur la liberté, dans une traduction légèrement faussée au profit de sa thèse ; c'est pour cela qu'il ne cite pas le nom de Velleius Paterculus, mais se contente de dire, avec autant de réserve que de majesté : « un Ancien ». Enfin je n'ai pu m'empêcher de le citer à mon tour, puisqu'il est véritablement ici à sa place. » (Note de Schopenhauer.) — Schopenhauer fait un étrange abus de la méthode des théologiens, qui s'appuient sur des autorités et non sur des faits; seulement il prend ses autorités un peu partout, à la différence des théologiens qui n'en admettent ou ne prétendent en admettre que de respectables.

liberté d'indifférence. Avec cette hypothèse, ce n'est donc pas dans le *subjectif* que peut résider la cause de la différence indiquée plus haut entre les manières d'agir des différents hommes; encore moins serait-ce dans l'*objectif*, car alors ce seraient les objets extérieurs qui détermineraient nos actions, et la prétendue liberté serait entièrement abolie. Il resterait encore une dernière issue : ce serait de placer l'origine de cette grande divergence constatée entre les façons d'agir des hommes dans une région moyenne entre le sujet et l'objet, en lui assignant pour origine les diverses manières dont l'objet est perçu et compris par le sujet, c'est-à-dire les divergences entre les jugements et les opinions des hommes. Mais alors toute la moralité reviendrait à la connaissance vraie ou fausse des circonstances présentes, ce qui réduirait la différence morale de nos façons d'agir à une simple différence de rectitude entre nos jugements, et ramènerait la morale à la logique. — Enfin les partisans du libre arbitre peuvent essayer encore d'échapper à ce difficile dilemme, en disant : « Il n'existe pas de différence *originelle* entre les caractères, mais une pareille différence est bientôt produite par l'action des circonstances extérieures, les impressions du dehors, l'expérience personnelle, les exemples, les enseignements, etc.; et lorsque de cette manière le caractère individuel s'est une fois définitivement fixé, on peut ensuite expliquer par la différence des caractères la différence des actions. » A cela on répond : 1° que dans cette hypothèse le caractère devrait se former très-tard, — tandis qu'il est de fait qu'on le reconnaît déjà chez les enfants, — et que la plupart des hommes mourraient *avant d'avoir acquis un caractère;* 2° que toutes ces circonstances extérieures, dont le caractère de chacun serait le résultat, sont tout à fait indépendantes de nous, et se trouvent, quand le hasard, ou, si l'on veut, la Providence les amène, complétement déterminées dans leur nature. Si donc le caractère était le produit de ces circonstances, et que le caractère fût la source de la différence des façons d'agir, on voit que toute responsabilité morale serait absolument supprimée, puisqu'il est manifeste que nos actions seraient en dernière analyse l'œuvre du hasard ou de la Providence. Nous voyons donc, dans l'hypothèse du libre arbitre, l'origine de la différence morale entre les actions humaines et par suite l'origine du vice et de la vertu, en même temps que le fondement de la responsabilité, flotter en l'air sans point d'appui, et ne trouver nulle part la moindre petite place où pousser des racines dans le sol. Il en résulte que cette supposition, quelque attrait qu'elle puisse exercer au premier abord sur une intelligence peu cultivée, est pourtant au fond tout autant en contradiction avec nos convictions morales, qu'avec le principe fondamental que domine tout notre entendement (le principe de raison suffisante), comme il a été démontré plus haut.

La nécessité avec laquelle les motifs, ainsi que toutes les causes en général, exercent leur action, n'est donc pas une doctrine qui ne repose sur rien. Nous avons maintenant appris à connaître le fait qui lui sert de base, le sol même sur lequel elle s'appuie, je veux dire le caractère inné et individuel. De même que chaque effet dans la nature inorganique est le produit nécessaire de deux facteurs, qui sont d'une part la force naturelle et primitive dont l'essence se révèle en lui, et de l'autre la cause particulière qui provoque cette manifestation; ainsi chaque action d'un homme est le produit nécessaire de son caractère, et du motif entré en jeu. Ces deux facteurs étant donnés, l'action résulte inévitablement. Pour qu'une action différente pût se produire, il faudrait qu'on admît l'existence d'un motif différent ou d'un autre caractère. Aussi l'on pourrait prévoir, et même calculer d'avance avec certitude chaque action, si le caractère n'était pas très-difficile à déterminer exactement, et si les motifs ne restaient pas souvent cachés, et toujours exposés aux contre-coups d'autres motifs [1], qui seuls peuvent pénétrer dans la sphère

---

1. Les motifs moraux.

de la pensée humaine, et sont incapables d'agir sur tout autre être que sur l'homme. Par le caractère inné de chaque homme, les fins en général vers lesquelles il tend invariablement, sont déjà déterminées dans leur essence : les moyens auxquels il a recours pour y parvenir sont déterminés tantôt par les circonstances extérieures, tantôt par la compréhension et par la vue qu'il en a, vue dont la justesse dépend à son tour de son intelligence et de la culture qu'elle possède. Comme résultat final, nous trouvons l'enchaînement de ses actes, et l'ensemble du rôle qu'il doit jouer dans le monde. C'est donc avec autant de justesse dans la pensée que de poésie dans la forme que Gœthe, dans une de ses plus belles strophes, a résumé comme il suit cette théorie du caractère individuel :

Comme dans le jour qui t'a donné au monde,
Le soleil était là pour saluer les planètes,
Tu as aussitôt grandi sans cesse,
D'après la loi selon laquelle tu as commencé.
Telle est ta destinée, tu ne peux échapper à toi-même,
Ainsi parlaient déjà les sibylles, ainsi les prophètes ;
Aucun temps, aucune puissance ne brise
La forme empreinte, qui se développe dans le cours de
[la vie [1].

Nous disions donc que la vérité fondamentale sur laquelle repose la nécessité de l'action de

1. *Dieu et le monde*, poésies orphiques. — Traduction de M. Porchat, t. I, p. 312.

toutes les causes, est l'existence d'une essence intérieure dans tout objet de la nature, que cette essence soit simplement une force naturelle générale qui se manifeste en lui, ou la force vitale, ou la volonté : tout être, de quelque espèce qu'il soit, réagira toujours sous l'influence des causes qui le sollicitent conformément à sa nature individuelle.

Cette loi, à laquelle toutes les choses du monde, sans exception, sont soumises, était énoncée par les scolastiques sous cette forme : *Operari sequitur esse*. (Chaque être agit conformément à son essence.) Elle est également présente à l'esprit du chimiste lorsqu'il étudie les corps en les soumettant à des réactifs, et à celui de l'homme, quand il étudie ses semblables en les soumettant à diverses épreuves. Dans tous les cas, les causes extérieures provoqueront nécessairement l'être affecté à *manifester ce qu'il contient* (son essence intérieure) : car celui-ci ne peut pas réagir *autrement qu'il n'est*.

Il faut rappeler ici que toute existence présuppose une essence : c'est-à-dire que tout ce qui *est* doit aussi *être quelque chose*, avoir une essence déterminée. Une chose ne peut pas *exister* et en même temps *n'être rien*, quelque chose comme l'*ens metaphysicum* des scolastiques, c'est-à-dire une chose qui *est*, et n'est rien de plus qu'une *existence pure*, sans aucun attribut ni qualité, et par suite sans la manière d'agir déterminée qui en découle. Or, pas plus qu'une essence sans existence (ce que Kant a expliqué par l'exemple connu des cent écus)[1], une existence sans essence ne possède de réalité. Car toute chose qui *est* doit avoir une nature particulière, caractéristique, grâce à laquelle elle est ce qu'elle est, nature qu'elle atteste par tous ses actes, dont les manifestations sont provoquées nécessairement par les causes extérieures ; tandis que, par contre, cette nature même n'est aucunement l'ouvrage de ces causes, et n'est pas modifiable par elles. Mais tout ceci est aussi vrai de l'homme et de sa volonté, que de tous les êtres de la création. Lui aussi, outre le simple attribut de l'existence, a une *essence fixe*, c'est-à-dire des qualités caractéristiques, qui constituent précisément son *caractère*, et n'ont besoin que d'une excitation du dehors pour entrer en jeu. Par suite, s'attendre à ce qu'un homme, sous des influences identiques, agisse tantôt d'une façon, et tantôt d'une autre absolument opposée, c'est comme si l'on voulait s'attendre à ce que le même arbre qui l'été dernier a porté des cerises, porte l'été prochain des poires. Le libre arbitre implique, à le considérer de près, une *existence sans essence*, c'est-à-dire quelque chose

---

[1]. *Critique de la Raison Pure, Logique Transcendentale*, p. 220 de la trad. Tissot.

qui *est* et qui en même temps *n'est rien*, par conséquent qui *n'est pas*, — d'où une contradiction manifeste [1].

C'est aux vues exposées ci-dessus, comme aussi à la valeur certaine à *priori* et par suite absolument générale du principe de causalité, qu'il faut attribuer ce fait, que tous les penseurs vraiment profonds de toutes les époques, quelque différentes que pussent être leurs opinions sur d'autres matières, se sont accordés cependant pour soutenir la nécessité des volitions sous l'influence de motifs, et pour repousser d'une commune voix le libre arbitre. Et même — précisément parce que la grande et incalculable majorité de la multitude, incapable de penser et livrée tout entière à l'apparence et au préjugé, a de tous temps résisté obstinément à cette vérité, — ils se sont complus à la mettre en toute évidence, à l'exagérer même, et à la soutenir par les expressions les plus décidées, sou-

---

[1]. On ne peut songer à discuter ici tout au long cette argumentation très-bien conduite et très-serrée. Nous accordons volontiers à Schopenhauer que nos actes sont la résultante de notre caractère et des motifs, mais, comme l'a très-bien vu Reid, les motifs en eux-mêmes sont quelque chose d'absolument inerte et indéterminé, et toute la force qu'ils possèdent, c'est nous, le sujet, qui la leur donnons. En renonçant à la liberté d'indifférence, il n'est pas impossible d'éviter le déterminisme : et Schopenhauer aurait dû examiner de plus près l'opinion de Leibniz; au lieu de se contenter, en passant, de faire une allusion dédaigneuse à ce remarquable essai de conciliation.

vent même les plus dédaigneuses. Le symbole le plus connu qu'ils aient adopté à cet effet est l'*âne de Buridan*, que l'on cherche toutefois en vain, depuis environ un siècle, dans les ouvrages qui nous restent sous le nom de ce sophiste. Je possède moi-même une édition des *Sophismata*, imprimée apparemment au XVᵉ siècle, sans indication de lieu, ni de date, ni même de pagination, que j'ai souvent, mais inutilement, feuilletée à cet effet, bien que presque à chaque page l'auteur prenne pour exemples des ânes. Bayle, dont l'article *Buridan* dans le *Dictionnaire Historique* est la base de tout ce qui a été écrit sur cette question, dit très-inexactement qu'on ne connaît de Buridan que ce seul sophisme, tandis que je possède de lui tout un *in-quarto* qui en est rempli. Bayle, qui traite la question si explicitement, aurait dû aussi savoir (ce qui d'ailleurs ne paraît pas non plus avoir été remarqué depuis) que cet exemple, qui, dans une certaine mesure, est devenu l'expression typique et symbolique de la grande vérité pour laquelle je combats, est beaucoup plus ancien que Buridan. Il se trouve déjà dans le Dante, qui concentrait en lui toute la science de son époque, et qui vivait avant Buridan. Le poète, qui ne parle pas d'ânes, mais d'hommes, commence le 4ᵉ livre de son *Paradiso* par le tercet suivant :

Entre deux mets placés à pareille distance,
Tous deux d'égal attrait, l'homme libre balance
Mourant de faim avant de mordre à l'un des deux [1].

Aristote lui-même exprime déjà cette pensée, lorsqu'il dit (*De cœlo*, II, 13) : « Il en est comme d'un homme ayant très-faim et très-soif, mais se trouvant à une distance égale d'un aliment et d'une boisson : nécessairement, il restera immobile. » Buridan, qui a emprunté son exemple à cette source, se contenta de mettre un âne à la place de l'homme, simplement parce que c'est l'habitude de ce pauvre scolastique de prendre pour exemples Socrate, Platon, ou *asinus* [2].

La question du libre arbitre est vraiment une pierre de touche avec laquelle on peut distinguer les profonds penseurs des esprits superficiels, ou plutôt une limite où ces deux classes d'esprits se

---

1. Traduction de M. Ratisbonne. — Voici le tercet original : *Intra duo cibi, distanti è moventi — D'un modo, prima si morria di fame, — Che liber' uomo l'un recasse à denti.*
2. Depuis Schopenhauer, on n'a pas retrouvé dans Buridan le sophisme en question. Cf. F. Ueberweg, *Grundriss der Geschichte der Philosophie*, 5e édit. Berlin, 1877, tome II, p. 238, et Prantl, *Gesch. der Logik*, IV, p. 14. La dernière édition du *Dictionnaire Philosophique* répète, au sujet de Buridan, les explications de Bayle et de Tiedemann. — Quant à l'édition des *Sophismata*, dont parle Schopenhauer, elle se trouve partout mentionnée sans l'indication de la date ni du lieu de publication, tantôt comme un in-4° et tantôt comme un in-8°.

séparent, les uns soutenant à l'unanimité la nécessitation rigoureuse des actions humaines, étant donnés le caractère et les motifs; les autres par contre se ralliant à la doctrine du libre arbitre, d'accord en cela avec la grande majorité des hommes. Il existe encore un parti moyen, celui des esprits timides, qui, se sentant embarrassés, louvoient de côté et d'autre, reculent le but pour eux-mêmes et pour autrui, se réfugient derrière des mots et des phrases, ou tournent et retournent la question si longtemps, qu'on finit par ne plus savoir de quoi il s'agit. Tel a été autrefois le procédé de Leibniz [1], qui était bien plutôt un mathématicien et un polygraphe qu'un philosophe. Mais pour mettre au pied du mur ces discoureurs indécis et flottants, il faut leur poser la question de la manière suivante, et ne pas se départir de ce formulaire :

1° Un homme donné, dans des circonstances données, peut-il faire également bien *deux* actions différentes, ou *doit-il* nécessairement en faire *une?* — Réponse de tous les penseurs profonds : *Une seulement.*

1. « C'est la correspondance de Leibniz avec Coste (*Opera Phil.*, ed Erdmann, p. 447), qui nous montre le plus clairement combien ses idées étaient peu arrêtées à ce sujet. On en trouvera une autre preuve dans la Théodicée, § 45-53. » (Note de Schopenhauer.) — Il s'agirait de savoir si les « esprits timides » ne sont pas dans le vrai en cherchant une conciliation, un moyen terme, plutôt que de trancher brutalement un problème dont la complexité échappe presque à l'analyse.

2° Est-ce que la carrière écoulée de la vie d'un homme donné — étant admis que d'une part son caractère reste invariable, et de l'autre que les circonstances dont il a eu à subir l'influence soient déterminées nécessairement d'un bout à l'autre, et jusqu'à la plus infime, par des motifs extérieurs qui entrent toujours en jeu avec une nécessité rigoureuse, et dont la chaîne continue, formée d'une suite d'anneaux tous également nécessaires, se prolonge à l'infini — est-ce que cette carrière, en un point quelconque de son parcours, dans aucun détail, aucune action, aucune scène, aurait pu être différente de ce qu'elle a été? — Non, est la réponse conséquente et exacte.

Le résultat de ces deux principes est celui-ci : Tout ce qui arrive, les plus petites choses comme les plus grandes, arrive nécessairement. *Quidquid fit, necessario fit.*

Celui qui se récrie à la lecture de ces principes montre qu'il a encore quelque chose à apprendre et quelque chose à oublier : mais il reconnaîtra ensuite que cette croyance à la nécessité universelle est la source la plus féconde en consolations et la meilleure sauvegarde de la tranquillité de l'âme. — Nos actions ne sont d'ailleurs nullement un *premier commencement*, et rien de véritablement *nouveau* ne parvient en elles à l'existence : mais *par ce que nous faisons seulement, nous apprenons ce que nous sommes.*

C'est aussi sur cette conviction, sinon clairement analysée, du moins pressentie, de la rigoureuse nécessité de tout ce qui arrive, que repose l'opinion si fermement établie chez les anciens au sujet du *Fatum*, l'εἱμαρμένη, comme aussi le fatalisme des Mahométans [1]; j'en dirai autant de la croyance aux présages, si répandue et si difficile à extirper, précisément parce que même le plus petit accident se produit nécessairement, et que tous les événements, pour ainsi dire, marchent en mesure sous une même loi, de manière que tout se répercute dans tout. Enfin cette croyance implicite peut servir à expliquer pourquoi l'homme, qui, sans la moindre intention et par un pur hasard, en a tué ou estropié un autre, porte toute sa vie le deuil de ce *piaculum*, avec un sentiment qui semble se rapprocher du remords, et subit aussi de la part de ses semblables une espèce particulière de discrédit en tant que *persona piacularis* (homme de malheur). Il n'est pas jusqu'à la doctrine chrétienne de la prédestination [2], qui ne soit

---

1. Les philosophes anciens ont presque toujours confondu le fatalisme avec le déterminisme, qui en est, si l'on peut dire, la forme scientifique. Il est curieux de suivre sur ce point les oscillations de la pensée d'un profond penseur comme Tacite. V. infrà, note 1 de la page 209.
2. Cette doctrine, comme on l'a remarqué, ressemble

un produit lointain de cette conviction innée de l'invariabilité du caractère et de la nécessité de ses manifestations. — Enfin je ne veux pas supprimer ici une remarque, tout à fait incidente du reste, et à laquelle chacun, suivant ce qu'il pense sur certains sujets, peut attacher la valeur qu'il lui plaira. Si nous n'admettons pas la nécessitation rigoureuse de tout ce qui arrive, en vertu d'une causalité qui enchaîne tous les événements sans exception, et si nous laissons se produire en une infinité d'endroits de cette chaîne des solutions de continuité, par l'intervention d'une liberté absolue; alors toute prévision de l'avenir, soit dans le rêve, soit dans le somnambulisme lucide, soit dans la seconde vue, devient, *même objectivement*, tout à fait impossible, et par conséquent inconcevable ; parce qu'il n'existe plus aucun avenir vraiment objectif, qui puisse être possiblement prévu ; tandis que maintenant nous n'en mettons en doute que les conditions subjectives, c'est-à-dire la possibilité subjective seulement. Et ce doute lui-même ne peut plus subsister aujourd'hui chez les personnes bien renseignées [1], après que

---

singulièrement à celle de Kant, et de Schopenhauer lui-même, sur le choix extemporel.

[1] Voilà, sous la plume athée de Schopenhauer, la vieille antinomie de la prescience divine et de la liberté humaine; mais, en place de la prescience divine, hypothèse respectable, Schopenhauer invoque les pressentiments

d'innombrables témoignages, issus de sources dignes de foi, ont établi l'exactitude (la possibilité) de cette anticipation de l'avenir.

J'ajoute encore quelques considérations, comme corollaires à la doctrine ci-dessus établie, relativement à la nécessité de tous les événements.

Que deviendrait le monde, si la nécessité n'était

---

des illuminés et les prophéties des charlatans. Il condamne la théorie du libre arbitre sur la foi « d'innombrables témoignages » qui établissent « l'objectivité de l'avenir ». Ce n'est plus du déterminisme scientifique, mais le fatalisme musulman dans toute son absurdité. Un pareil argument introduit dans une discussion sérieuse pourrait faire l'effet d'une gageure si nous ne savions d'autre part à quoi nous en tenir sur la crédulité de l'auteur, crédulité à la fois puérile et pédante, qu'il appuyait de mille témoignages sans valeur recueillis au hasard de ses lectures.

Un peintre distingué, M. Lunteschutz, qui fut pendant de longues années un des amis les plus intimes de Schopenhauer, dont il nous a conservé un bon portrait à l'huile (aujourd'hui à Francfort, dans un salon de *l'Hôtel d'Angleterre*), me communique à ce sujet les renseignements suivants : « Dans le commerce familier, Schopenhauer parlait souvent de rêves, de somnambulisme, de magnétisme, et il ne cachait point sa crédulité à cet égard. Il m'a raconté aussi beaucoup d'histoires de revenants, dont il ne semblait pas mettre en doute l'authenticité, car il les racontait avec la plus grande émotion... Je n'ai pas connaissance qu'il ait jamais consulté lui-même des somnambules... Pour ce qui est des prophéties, il n'y croyait pas moins fermement qu'à l'apparition des esprits. Je me souviens qu'un jour il me faisait remarquer que cette croyance à la divination se retrouve dans les traditions religieuses de tous les peuples et dans les œuvres de leurs grands poètes. »

point le fil conducteur qui passe pour ainsi dire à travers toutes choses [1] et qui les unit, si surtout elle ne présidait pas à la production des individus? Une monstruosité, un amas de décombres, une grimace (sic) dénuée de signification et de sens, — un produit du hasard véritable et proprement dit.

Souhaiter que quelque événement n'arrive point, c'est s'infliger follement un tourment gratuit : car cela revient à souhaiter quelque chose d'absolument impossible, et n'est pas moins déraisonnable que de souhaiter que le soleil se lève à l'Ouest. En effet, puisque tout événement, grand ou petit, est absolument nécessaire, il est parfaitement oiseux de méditer sur l'exiguïté ou la contingence des causes qui ont amené tel ou tel changement, et de penser combien il eût été aisé qu'il en fût différemment : tout cela est illusoire, car ces causes sont entrées en jeu et ont opéré en vertu d'une puissance aussi absolue que celle par laquelle le soleil se lève à l'Orient. Nous devons bien plutôt considérer les événements qui se déroulent devant nous du même œil que les caractères imprimés sur les pages d'un livre que nous lisons, en sachant bien qu'ils s'y trouvaient déjà, avant que nous les lussions [2].

---

[1]. J'ai tenu à conserver l'image du texte, qui est fort belle.
[2]. La comparaison ne manque pas d'esprit, mais Schopenhauer est en plein dans le fatalisme.

CHAPITRE IV

MES PRÉDÉCESSEURS.

A l'appui de l'affirmation formulée par moi plus haut au sujet de l'opinion de tous les profonds penseurs touchant notre problème, je veux rappeler au souvenir du lecteur des citations tirées des écrits de quelques grands hommes, qui se sont prononcés dans le même sens que nous.

Tout d'abord, pour tranquilliser ceux qui peuvent peut-être croire que des motifs religieux soient opposés à la vérité que je soutiens, je rappellerai que déjà Jérémie (10, 23) a dit : « Seigneur, je sais que la voie de l'homme n'est point à lui, et qu'il n'appartient pas à l'homme de marcher et de diriger lui-même ses pas [1]. » Mais je m'en réfère surtout à Luther, qui, dans un livre consacré

---

[1]. Traduction de M. de Genoude.

spécialement à cette question (le *De Servo Arbitrio*)[1], combat avec toute sa violence la doctrine du libre arbitre. Quelques passages de ce livre suffisent pour caractériser son opinion, à l'appui de laquelle il invoque naturellement des raisons théologiques et non philosophiques. Je les cite d'après l'édition de Séb. Schmidt, Strasbourg, 1707. — Page 145 : « C'est pourquoi il est écrit dans tous les cœurs que le libre arbitre n'existe point : bien que cette vérité soit obscurcie par tant d'argumentations contradictoires, et l'autorité de tant de grands hommes. — Page 214 : Je veux avertir ici les partisans du libre arbitre, pour qu'ils se le tiennent pour dit, qu'en affirmant le libre arbitre, ils nient le Christ. — Page 220 : Contre le libre arbitre militent tous les témoignages de l'Écriture

---

1. Le *De Servo Arbitrio*, auquel Érasme de Rotterdam répondit par un ouvrage plein de verve (*De Libero Arbitrio*) a été publié pour la première fois à Wittemberg, 1545-1559. Il n'a jamais été traduit en français. Nous pensons que nos lecteurs nous sauront gré de leur donner un échantillon de la langue si vigoureuse, quoique souvent barbare, du Réformateur : *Quare simul in omnium cordibus scriptum invenitur, liberum arbitrium nihil esse, licet obscuretur tot disputationibus contrariis et tantâ tot virorum auctoritate. — Hoc loco admonitos velim liberi arbitrii tutores, ut sciant, sese esse abnegatores Christi, dum asserunt liberum arbitrium. — Contrà liberum arbitrium pugnabant scripturæ testimonia, quotquot de Christo loquuntur. At ea sunt innumerabilia, immo tota scriptura. Ideo, si scripturâ judice causam agimus, omnibus modis vicero, ut ne iota unum aut apex sit reliquus, qui non damnet dogma liberi arbitrii.*

qui prédisent la venue du Christ. Mais ces témoignages sont innombrables ; bien plus, ils sont l'Écriture tout entière. Aussi, si l'Écriture doit être juge de ce différend, notre victoire sera si complète qu'il ne restera même plus à nos adversaires une seule lettre, un seul *iota* qui ne condamne la croyance au libre arbitre. »

Passons maintenant aux philosophes. Les anciens ne sont pas à consulter sérieusement sur cette question, parce que leur philosophie, pour ainsi dire encore à l'état d'innocence (d'enfance), ne s'était pas fait une idée adéquate des deux problèmes les plus profonds et les plus graves de la philosophie moderne, à savoir celui du libre arbitre et celui de la réalité du monde extérieur, ou du rapport de l'idéal et du réel. Quant au degré de clarté et de compréhension auquel ils avaient amené la question du libre arbitre, c'est ce dont on peut se rendre compte d'une façon satisfaisante par l'*Éthique à Nicomaque* d'Aristote (III, c. 1-8); on reconnaîtra que son jugement à ce sujet ne concerne essentiellement que la liberté physique et intellectuelle, et c'est pourquoi il ne parle jamais que de l'ἑκούσιον (volontaire) et de l'ἀκούσιον (involontaire), confondant les actes *volontaires* avec les actes *libres*. Le problème beaucoup plus difficile de la *Liberté morale* ne s'est pas encore présenté à lui, quoique par moments sa pensée s'étende jusque-là, surtout en deux passages de l'*Éthique à Nicomaque* (II, 2, et III, 7) ; mais il commet l'erreur de déduire le caractère des actions, au lieu de suivre la marche inverse. De même il critique très à tort l'opinion de Socrate citée plus haut (p. 109) : mais en d'autres endroits il se l'est appropriée, par exemple lorsqu'il dit (*Éthique à Nicomaque*, X, 10) : « Quant à la disposition naturelle, elle ne dépend évidemment pas de nous ; c'est par une sorte d'influence toute divine qu'elle se rencontre dans certains hommes, qui ont vraiment, on peut dire, une chance heureuse. » (*Tr. de Barthélemy Saint-Hilaire.*) Plus loin : La première condition, c'est que le cœur soit naturellement porté à la vertu, aimant le beau et détestant le laid (*Id.*) — ce qui s'accorde avec le passage cité plus haut, ainsi qu'avec celui-ci de l'*Ethica magna* (1, 10) : « Pour être le plus vertueux des hommes, il ne suffira pas de vouloir, si la nature ne nous y aide pas ; mais néanmoins on sera beaucoup meilleur, par suite de cette noble résolution. » Aristote traite la question du libre arbitre au même point de vue dans l'*Ethica magna* (1, 9-18) et dans l'*Ethica Eudemia* (II, 6-10), où il s'approche encore un peu plus de la véritable donnée du problème : mais là aussi il reste hésitant et superficiel. Sa méthode constante est de ne pas aborder les problèmes directement, par voie

d'analyse, mais de procéder synthétiquement, de tirer des conséquences d'indices extérieurs ; au lieu de pénétrer dans la question, pour atteindre le fond des choses, il s'en tient aux caractères extérieurs, voire même aux mots. Cette méthode égare facilement, et dans les problèmes plus complexes ne conduit jamais à la solution. Ici il s'arrête court devant la prétendue antithèse entre le nécessaire et le volontaire, ἀναγκαῖον καὶ ἑκούσιον, comme devant un mur : or, ce n'est qu'en s'élevant au-dessus de cette contradiction apparente qu'on peut atteindre à un point de vue supérieur, d'où l'on reconnaît que le *volontaire* est *nécessaire* précisément en tant que *volontaire*, à cause du motif qui détermine la volonté, sans lequel une volition est tout aussi peu possible que sans un sujet voulant ; ce motif est d'ailleurs une cause, aussi bien que la cause mécanique, dont il ne se distingue que par des caractères secondaires. Aristote le reconnaît lui-même (*Eth. Eudem.* II, 10).
« Le *cujus gratiâ* (la cause finale) est elle-même une espèce de cause [1]. »

C'est pourquoi cette antinomie entre le *volontaire* et le *nécessaire* n'est aucunement fondée ; bien qu'aujourd'hui encore plusieurs prétendus phi-

---

1. Ἡ γὰρ οὗ ἕνεκα μία τῶν αἰτιῶν ἐστίν. On connaît la distinction péripatéticienne entre les causes efficientes, finales, matérielles et formelles.

losophes en soient encore là-dessus au même point qu'Aristote.

Cicéron expose assez clairement la question du libre arbitre, dans le livre *De Fato* (c. 10 et c. 17). Le sujet de son ouvrage le conduit d'ailleurs très-facilement et très-naturellement à l'examen de cette difficulté. Cicéron est personnellement partisan du libre arbitre; mais nous voyons par lui que déjà Chrysippe et Diodore ont dû se faire du problème une idée assez exacte. — Il faut aussi signaler le 13ᵉ dialogue des morts de Lucien, entre Minos et Sostrate, dans lequel le libre arbitre et avec lui la responsabilité sont expressément niés.

Le 4ᵉ Livre des Machabées, dans la Bible des Septante (il manque dans la Bible de Luther), est lui-même en quelque façon une dissertation sur le libre arbitre, en tant qu'il y est prouvé que la raison (λογισμός) possède la force de surmonter toutes les passions et toutes les affections, ce que l'auteur confirme par l'exemple des martyrs juifs dans le second livre.

La plus ancienne expression précise à moi connue de notre problème se trouve dans Clément d'Alexandrie [1], qui dit (*Strom.* 1, § 17) : « Ni les

---

1. C'est dans cet auteur également que Schopenhauer avait trouvé la première expression de la vérité sur laquelle il insiste tant, la subordination de l'intelligence à

éloges, ni les honneurs, ni les supplices ne sont fondés en justice, si l'âme n'a pas la libre puissance de désirer et de s'abstenir, et si le vice est involontaire. » Puis, après une phrase relative à une idée exprimée plus haut, il ajoute : « afin qu'autant que possible Dieu ne soit pas la cause des vices des hommes. » Cette conclusion hautement remarquable montre dans quelles intentions l'église s'empara aussitôt du problème, et quelle solution elle adoptait d'avance comme conforme à ses intérêts. — Presque deux cents ans plus tard nous trouvons la doctrine du libre arbitre exposée avec détail par Némésius, dans son ouvrage *de Naturâ hominis* (chap. 35, *ad finem*, et chap. 39-41). Le libre arbitre y est identifié sans plus ample discussion avec l'acte volontaire, ou le choix, et, en conséquence, exposé et défendu avec ardeur. Malgré cela, il y a déjà dans ce livre un pressentiment de la véritable question.

Mais le premier qui ait fait preuve d'une connaissance parfaitement adéquate de notre problème avec tout ce qui s'y rattache est le Père de l'Eglise Saint-Augustin, qui, par cette raison, quoiqu'il soit bien plutôt un théologien qu'un philosophe, mérite d'être pris en considération. Toute-

---

la volonté : « αἱ γὰρ λογικαὶ δυνάμεις τοῦ βούλεσθαι διάκονοι πεφύκασι. » (Les facultés rationnelles sont, de leur nature, soumises à la volonté). — V. Ribot, p. 73.

fois nous le voyons aussitôt plongé dans un embarras remarquable, et livré en proie à une hésitation et à un doute qui le conduisent jusqu'à des inconséquences et à des contradictions, dans ses trois livres *de libero arbitrio*. Il ne veut pas, en effet, à l'exemple de Pélage, accorder à l'homme le libre arbitre, de crainte que le péché originel, la nécessité de la rédemption, et la libre élection à la grâce ne se trouvent ainsi supprimés, et qu'en même temps l'homme puisse par ses propres forces devenir juste et mériter le salut. Il donne même à entendre (*Argumentum in libros de lib. arb. ex Lib.* I, *c.* 9, *Retractationum desumtum*) que sur ce point de doctrine (pour lequel Luther combattit si vivement plus tard), il en aurait dit encore davantage, si son livre n'avait pas été écrit avant l'hérésie de Pélage, contre laquelle il rédigea immédiatement son ouvrage *De la nature et de la grâce*. Il dit d'ailleurs (*de lib. arb.* III, 18) : « Si l'homme, étant autrement, serait bon, et qu'étant comme il est maintenant, il ne le soit pas, et qu'il se trouve dans l'impuissance de l'être, soit en ne voyant pas comment il devrait être, soit en le voyant sans le pouvoir devenir, [qui peut douter qu'un tel état ne soit pas une peine et un châtiment [1] ?] » Plus loin : « On ne doit point s'étonner

---

1. Traduct. fr. de Villafore, Paris, 1701 (*la seule exis-*

que l'ignorance l'empêche d'avoir une volonté libre pour choisir le bien, ni que par la résistance habituelle de la chair, dont les forces et les révoltes se sont en quelque façon naturellement accrues par la succession des temps, et des hommes sujets à la mort [1], il voie ce qu'il faudrait faire, et qu'il le veuille sans le pouvoir accomplir. » Et dans l'argument précité : « Si donc la volonté même n'est délivrée par le secours de Dieu de la servitude qui la fait devenir esclave du péché, et si elle n'est aidée pour vaincre les vices, les hommes mortels ne peuvent vivre ni avec justice ni avec piété. » D'autre part cependant trois motifs le sollicitaient à défendre le libre arbitre :

1° Son opposition envers les Manichéens, contre lesquels les trois livres sur le libre arbitre sont expressément dirigés, parce qu'ils niaient le libre arbitre et admettaient une autre source du mal moral et du mal physique. (*Le principe du mal, Hylé*). C'est à eux qu'il fait déjà allusion dans le dernier chapitre du livre *de animæ quantitate :* « L'âme a reçu en don le libre arbitre, et ceux qui essaient de le lui contester par des raisons frivoles (*nugatoriis*) sont tout à fait aveugles. »

tante.) — Les mots entre crochets sont omis par Schopenhauer, dont la citation tronquée est inintelligible.

1. L'expression de saint Augustin, *Violentia mortalis successionis*, implique un sentiment très vif de l'hérédité morale.

2° L'illusion naturelle, dont nous avons dévoilé l'origine, et par l'effet de laquelle le témoignage de la conscience « je peux faire ce que je veux » est considéré comme l'affirmation du libre arbitre, et le *volontaire* confondu avec le *libre* (V. *De lib. arb.* 1, 12) : « Car qu'y-a-t-il de plus au pouvoir de la volonté que la volonté elle-même? »

3° La nécessité de mettre en harmonie la responsabilité morale de l'homme avec la justice de Dieu. En effet, la pénétration d'esprit de St.-Augustin n'a pas laissée inaperçue une très-haute question, si difficile à résoudre que tous les philosophes postérieurs, à ce que je sache, trois seulement exceptés (que nous allons pour cela même considérer tout à l'heure de plus près), ont préféré tourner autour d'elle sans bruit, comme si elle n'existait pas. St.-Augustin, au contraire, avec une noble franchise, l'énonce sans détour dès les premiers mots de son livre *de libero arbitrio* : « Dis-moi, je te prie, Dieu n'est-il pas l'auteur du mal? » Et bientôt, d'une façon plus explicite dans le second chapitre : « Puisque nous croyons que Dieu est le principe de tous les êtres, et que néanmoins il n'est pas l'auteur du péché, notre esprit a quelque peine à comprendre comment il se peut faire que les péchés étant commis par les âmes, et ces âmes étant créées par Dieu, ces péchés ne lui soient pas immédiatement rapportés comme à leur principe. »

A cela, l'interlocuteur (Evode) répond : « Vous venez de dire précisément ce qui m'embarrasse quand j'approfondis cette matière. » — Cette difficulté si sérieuse a été reprise de nouveau par Luther, et mise en lumière par lui avec toute la fougue de son éloquence (*De servo arbitrio*, p. 144): « Que Dieu, *par sa propre liberté*, doive nous imposer à *nous* la nécessité, c'est ce que la raison naturelle elle-même nous force d'avouer. — Si l'on accorde à Dieu la prescience et la toute-puissance, il suit naturellement, par une conséquence irréfragable, que nous ne sommes pas créés par nous-mêmes, que nous ne vivons ni n'agissons en rien, si ce n'est par sa toute-puissance... La prescience et la toute-puissance divine sont dans une opposition diamétrale avec notre libre arbitre... Tous les hommes sont forcés d'admettre, par une conséquence inévitable, que nous n'existons pas par notre volonté, mais par la nécessité; de même que nous n'agissons point à notre gré, en vertu d'un libre arbitre qui serait en nous, mais que Dieu a tout prévu et qu'il nous mène par un conseil et une vertu infaillible et immuable, etc. »

Au commencement du 17e siècle, nous rencontrons Vanini, qui est tout à fait pénétré de la même opinion. Elle est le principe et l'âme de sa révolte continuelle contre le Théisme, bien que, par égard pour l'esprit de son époque, il ait dû la dissimuler avec le plus de ménagements possibles. A chaque occasion il y revient, et ne se lasse pas de l'exposer sous les aspects les plus divers. Par exemple, dans son *Amphithéâtre de l'éternelle Providence*, (exercice 16) il dit : « Si Dieu veut le mal il le fait, car il est écrit : *Il a fait tout ce qu'il a voulu*. S'il ne le veut pas, comme il n'en a pas moins lieu, il faut dire de Dieu, ou qu'il est imprévoyant ou impuissant, ou cruel, puisqu'il ne sait ou qu'il ne peut pas réaliser sa volonté, ou qu'il néglige de le faire. Mais les philosophes repoussent cette doctrine sans difficulté, car ils disent que si Dieu ne voulait pas d'actions impies en ce monde, il lui suffirait assurément d'un seul mouvement de tête pour anéantir tout le mal jusqu'aux confins du monde. Qui de nous, en effet, pourrait résister à sa volonté? Comment donc le mal se commet-il malgré lui, quand lui-même donne aux coupables les forces nécessaires? Et encore, si l'homme pèche malgré la volonté divine, Dieu sera donc inférieur à l'homme qui le combat et lui résiste? De là, ils concluent que le monde est tel que Dieu le désire, et qu'il serait meilleur, si Dieu le voulait meilleur. » — Et dans l'exercice 44 : « L'instrument agit toujours d'après la direction que lui donne son principal agent : or, puisque notre volonté dans ses actes n'est qu'un instrument, et que Dieu est l'agent principal, il suit que Dieu est responsable des erreurs de notre volonté..... Notre volonté relève entièrement de Dieu pour la substance; il faut tout rapporter à Dieu, qui a fait ainsi la volonté, et qui la met en mouvement. » Plus loin encore : « Puisque l'essence et le mouvement de la volonté viennent de Dieu, il faut imputer à Dieu toutes les opérations de la volonté, bonnes ou mauvaises, puisqu'elle n'est qu'un instrument dans ses mains [1]. »

Mais il faut, en lisant Vanini, avoir toujours présent à l'esprit qu'il se sert perpétuellement d'un artifice consistant à mettre dans la bouche d'un contradicteur, comme un sujet d'horreur et de dégoût contre lequel il s'insurge, ses véritables opinions, et à faire parler ce contradicteur de la façon la plus convaincante et la plus solide; par contre à lui présenter, comme réfutation, des objections frivoles et des arguments boiteux; après quoi il fait semblant de conclure d'un air triomphant, *tanquam re benè gesta*, comptant sur la malice et la pénétration du lecteur. Par cette ruse il a même trompé la savante Sorbonne, qui, prenant toutes ses hardiesses pour de l'or en barres, apposa naïvement son permis d'imprimer sur des ouvrages athées. D'autant plus douce fut la joie de ces docteurs, lorsque, trois ans plus tard, ils le virent brûler vif, après qu'on lui eût préala-

---

[1]. *Tr. fr. de Rousselot*, Paris, 1842. L'ouvrage original écrit en latin, est devenu très rare.

blement coupé cette langue qui avait blasphémé contre Dieu. On sait à la vérité que c'est là le seul argument puissant des théologiens, et depuis qu'on les en a privés, les choses marchent pour eux tout à fait à reculons [1].

Parmi les philosophes dans le sens plus étroit du mot, Hume est, si je ne me trompe, le premier qui n'ait pas essayé d'éluder la grave difficulté soulevée d'abord par saint-Augustin; au contraire (sans toutefois penser ni à St.-Augustin, ni à Luther, encore moins à Vanini), il l'expose ouvertement dans son *Essai sur la liberté et la nécessité*, où il s'exprime ainsi (*ad finem*) : « Le dernier auteur de toutes nos volitions est le créateur du monde, qui le premier imprima le mouvement à cette immense machine, et plaça tous les êtres dans cette position particulière d'où tout événement subséquent devait résulter par une nécessité inévitable. Les actions humaines peuvent donc ou bien ne renfermer aucune malice, comme procédant d'une cause si parfaite, ou si elles en renferment, elles doivent envelopper notre créateur dans le blâme qu'elles méritent, puisqu'on reconnaît qu'il en est la cause dernière et le véritable auteur. Car de même qu'un homme, qui a mis le feu à une

---

1. « La théologie et la philosophie sont comme les deux plateaux d'une balance. Plus l'une monte, plus l'autre descend. » (*Memorabilien*, cité par M. Ribot).

mine, est responsable de toutes les conséquences de cet acte, que la traînée de poudre soit longue ou courte, — de même partout où se trouve une chaîne continue de modifications nécessaires, l'Etre, fini ou infini, qui a produit la première doit être également regardé comme l'auteur de toutes les autres. » Il fait un essai pour résoudre cette difficulté, mais il avoue en terminant qu'il la considère comme insurmontable.

Kant lui-même, indépendamment de ses prédécesseurs, se heurte à cette pierre de la difficulté, dans la Critique de la raison pratique, p. 180 et suivantes de la 4ᵉ édition, et p. 232 de l'édition Rosenkranz : « Il semble nécessaire, aussitôt qu'on admet Dieu comme cause première universelle, d'accorder qu'il est la cause de l'existence de la substance même. Dès lors les actions de l'homme ont leur cause déterminante en quelque chose qui est tout à fait hors de son pouvoir, c'est-à-dire dans la causalité d'un être suprême distinct de lui, de qui dépend absolument son existence, et toutes les déterminations de sa causalité..... L'homme serait comme une marionnette ou comme un automate de Vaucanson, construit et mis en mouvement par le suprême ouvrier, que la conscience de lui-même en ferait sans doute un automate pensant; mais il serait la dupe d'une illusion, en prenant pour la liberté la spontanéité dont il aurait conscience, car celle-ci ne mériterait ce nom que relativement, puisque, si les causes prochaines qui le mettraient en mouvement, et toute la série des causes, en remontant à leurs causes déterminantes, étaient intérieures, la cause dernière et suprême devait être placée dans une main étrangère [1]. »

Il s'efforce de lever cette grave difficulté en faisant intervenir la distinction entre la chose en soi et le phénomène : mais il est si évident que cette distinction ne change rien au fond de la difficulté, que je suis convaincu qu'il ne l'a nullement considérée comme une solution sérieuse. Lui-même d'ailleurs en confesse l'insuffisance, p. 184, et il ajoute : « Mais je demande si toute autre explication que l'on a tentée ou que l'on pourra essayer dans la suite, est plus facile et plus aisée à comprendre? On dirait plutôt que les docteurs dogmatiques de la métaphysique ont cherché à prouver leur subtilité plus que leur sincérité, en éloignant autant que possible de nos yeux ce point difficile, dans l'espérance que s'ils n'en parlaient pas du tout, il se pourrait que personne n'y songeât. »

Après avoir ainsi rapproché les témoignages de penseurs si différents, qui pourtant disent tous la

1. Page 292 de la traduction française de M. Barni (avec quelques changements).

même chose, je reviens à notre Père de l'Eglise. Les raisons par lesquelles saint Augustin espère écarter la difficulté dont il a déjà pressenti toute la gravité sont théologiques, non philosophiques, et par conséquent n'ont pas une valeur absolue. L'appui de ces mêmes raisons est, comme je l'ai dit plus haut, le troisième motif pour lequel il cherche à défendre la doctrine d'un libre arbitre accordé par Dieu à l'homme. L'hypothèse d'une pareille liberté, s'interposant entre le créateur et les péchés de sa créature, serait véritablement suffisante pour résoudre toute la difficulté ; à la condition toutefois que cette conception, si facile à affirmer en paroles et satisfaisante peut-être pour une pensée qui ne va pas beaucoup plus loin que les mots, pût du moins, quand on la soumet à un examen plus sérieux et plus profond, rester intelligible (*pensable*). Or comment peut-on se figurer qu'un être dont toute l'existence et toute l'essence sont l'ouvrage d'un autre puisse cependant se déterminer lui-même dès l'origine et dans le principe, et par conséquent être responsable de ses actes ? Le principe *operari sequitur esse*, c'est-à-dire que les actions de chaque être sont des conséquences nécessaires de son essence, détruit cette supposition, mais lui-même il est inébranlable. Si un homme agit perversement, cela résulte de ce qu'il est pervers. A ce principe se rattache encore le corollaire *ergo unde esse, inde operari*, (d'où vient l'essence, de là vient aussi l'action.) Que dirait-on de l'horloger qui s'irriterait contre sa montre parce qu'elle marche mal ? Quelque désir que l'on éprouve de faire de la volonté une *tabula rasa*, on ne pourra cependant pas s'empêcher d'avouer, que si, de deux hommes, l'un suit par hasard une façon d'agir entièrement opposée à celle de l'autre, au point de vue moral, cette différence, qui doit évidemment provenir de quelque chose, a sa raison d'être soit dans les circonstances extérieures, (auquel cas il est évident que la faute n'est pas imputable à l'homme), soit dans une différence originelle entre leurs volontés mêmes, et alors le mérite ou le démérite ne saurait leur être attribué, si tout leur être et toute leur substance sont l'œuvre d'autrui. Après que les grands hommes dont nous avons invoqué le témoignage se sont vainement efforcés de sortir de ce labyrinthe par quelque issue, j'avoue volontiers à mon tour que penser à la responsabilité morale de la volonté humaine sans admettre en principe l'*aséité* de l'homme, est une chose qui dépasse ma puissance de conception. C'est sans doute le sentiment de la même impossibilité qui a dicté à Spinoza les définitions 7 et 8 par lesquelles débute son Éthique : « Une chose est libre quand elle existe par la seule nécessité de sa nature et n'est déterminée à agir que par soi-même; une chose est nécessaire ou plutôt contrainte quand elle est déterminée par une autre chose à exister et à agir suivant une certaine loi déterminée. » *(Traduction d'Émile Saisset.)*

Si en effet une mauvaise action provient de la nature, c'est-à-dire de la constitution innée de l'homme, la faute en est évidemment à l'auteur de cette nature. C'est pour échapper à cette conséquence qu'on a inventé le libre arbitre. Mais en admettant celui-ci il n'est absolument pas possible de concevoir d'où une mauvaise action puisse provenir; parce qu'au fond il n'est qu'une qualité négative, et implique seulement que rien n'oblige ou n'empêche l'homme d'agir de telle ou telle façon. Mais alors il faut renoncer absolument à expliquer quelle est la source dernière d'où découle l'action, puisqu'on ne veut pas la faire dériver de la nature innée ni de la nature acquise de l'homme, ce qui ferait retomber la faute sur son créateur; ni des circonstances extérieures seules, car alors on pourrait l'attribuer au hasard, l'homme restant innocent dans les deux hypothèses, — tandis qu'on le rend pourtant responsable. L'image naturelle d'une volonté libre est une balance non chargée; elle se tient immobile, et ne sortira jamais de son état d'équilibre à moins qu'on ne place quelque objet dans un de ses plateaux. Comme la balance est incapable de se mettre d'elle-même en mouvement, de même la libre volonté ne peut pas tirer de son propre fonds la moindre action ; et cela, en vertu du principe que rien ne se fait de rien. La balance doit-elle s'incliner d'un côté? il faut qu'un corps étranger soit placé sur un des plateaux, et c'est ce corps qui sera ensuite la cause du mouvement. Pareillement toute action humaine doit être produite par quelque force, qui agisse d'une façon positive, et soit quelque chose de plus que cette qualité toute négative de la liberté. Mais ceci ne peut s'expliquer que de deux manières : ou bien les motifs, c'est-à-dire les circonstances extérieures, produisent l'action par eux-mêmes : et alors il est évident que l'homme n'est pas responsable (il faudrait aussi, dans cette hypothèse, que tous les hommes agissent exactement de même dans les mêmes circonstances) ; ou bien l'action provient de la *réceptivité* (accessibilité) de l'homme pour tels ou tels motifs, c'est-à-dire du caractère inné, des tendances originellement existantes, qui peuvent différer d'individu à individu, et d'après lesquelles les motifs exercent leur action. Mais alors l'hypothèse du libre arbitre disparaît, parce que ces tendances représentent précisément le poids placé sur le plateau de la balance. La responsabilité de nos fautes retombe sur celui qui a mis en nous ces penchants, c'est-à-dire sur celui dont l'homme, avec les instincts primitifs de sa nature, est l'ouvrage. Donc la condition indispensable de la responsabilité morale de l'homme est son *aséité*, c'est-à-dire, qu'il soit lui-même son propre ouvrage.

Toutes les considérations exposées précédemment sur cette épineuse question font concevoir quelles immenses conséquences sont attachées à la croyance au libre arbitre, qui creuse un abîme sans fond entre le créateur et les péchés de sa créature. Aussi n'est-il pas surprenant que les théologiens adhèrent si obstinément à cette doctrine, et que leurs humbles serviteurs et défenseurs [1], les professeurs de philosophie, les appuient avec tant d'ardeur et un si profond sentiment de leurs devoirs envers eux, que, sourds et aveugles en présence des dénégations les plus concluantes des grands penseurs, ils soutiennent le libre arbitre et combattent pour lui, comme *pro aris et focis*.

Mais pour terminer enfin mon examen de l'opinion de saint Augustin, je dirai qu'elle peut se réduire à ceci, que l'homme n'a eu un libre arbitre absolu qu'avant sa chute, mais que depuis, devenu la proie du péché, il n'a plus à espérer son salut que de la prédestination et de la rédemption, — ce qui s'appelle parler en vrai Père de l'Eglise.

---

1. *Schildknapp*, écuyer qui portait le bouclier du chevalier.

Cependant, grâce à saint Augustin et à la dispute entre les Manichéens et les Pélasgiens, la philosophie est enfin parvenue à se faire une idée nette et exacte de notre problème. Dès lors, les travaux de la scholastique lui donnèrent de jour en jour plus de précision : le sophisme de Buridan et le passage cité de Dante en sont des témoignages. — Mais le premier qui toucha au cœur même de la question est, à ce qu'il me semble, Thomas Hobbes, qui publia en 1656 un ouvrage spécial sur ce sujet, intitulé : *Quæstiones de libertate et necessitate, contrà Doctorem Branhallum* : ce livre est rare aujourd'hui. Il se trouve transcrit en anglais dans les *Œuvres morales et politiques de Th. Hobbes* (1 vol. in-folio, Londres, 1750, p. 469, et sq). J'en extrais le passage capital que l'on va lire (p. 483) :

« (6) Rien ne tire son origine de soi-même, mais de l'action de quelque autre agent immédiat. Donc, lorsque pour la première fois l'appétit ou la volonté [1] d'un homme se porte vers quelque chose, pour laquelle il n'éprouvait précédemment ni appétit ni volonté ; la cause de ce mouvement de la volonté n'est pas la volonté même, mais quelque autre chose qui n'est pas en sa puissance. Donc, puisqu'il est hors de doute que la volonté est la

---

1. Lisez *le désir*. La confusion du désir et de la volonté est perpétuelle chez Hobbes.

cause nécessitante des actes volontaires, et que d'après ce que je viens de dire la volonté est nécessairement *causée* par d'autres choses indépendantes d'elle; il s'ensuit que tous les actes volontaires ont des causes nécessaires, et par suite sont nécessités.

(7) Je considère comme une cause suffisante *celle à qui il ne manque rien qui soit nécessaire à la production de l'effet*. Une telle cause est aussi une cause *nécessaire* : car, s'il était possible qu'une cause *suffisante* ne produisît pas l'effet, alors il lui manquerait quelque chose de ce qu'il faut pour le produire; en ce cas elle ne serait donc pas suffisante. Mais s'il est impossible qu'une cause suffisante ne produise pas son effet, alors une cause *suffisante* est aussi une cause *nécessaire*. D'où il est manifeste que tout ce qui est produit, est produit *nécessairement*. Car toute chose qui est produite a eu une *cause suffisante*, sans quoi elle n'aurait pas été produite : et c'est pourquoi aussi les actions *volontaires* sont *nécessitées*.

(8) La définition ordinaire d'un agent libre [1] implique une contradiction, et n'a pas de sens (*is nonsense*); car c'est comme si l'on disait qu'une

---

1. « Un agent libre est celui qui, toutes les causes étant réunies qui sont nécessaires pour lui faire produire un certain effet, peut néanmoins ne pas le produire. » (Hobbes).

cause peut être *suffisante*, c'est-à-dire *nécessitante*, et cependant que l'effet ne suivra pas.

P. 485. — « Tout événement, quelque contingent qu'il puisse sembler ou quelque volontaire qu'il puisse être, est produit *nécessairement* [1]. »

Dans son fameux livre *de Cive*, c. 1, § 7, il dit : « Tout homme est porté à rechercher ce qui lui est utile, et à fuir ce qui lui est nuisible, mais surtout le plus grand des maux naturels, la mort; et cela par une nécessité naturelle non moins rigoureuse que celle qui entraîne la pierre dans sa chute. »

Aussitôt après Hobbes nous voyons Spinoza, qui est imbu de la même conviction. Pour caractériser son opinion à ce sujet, quelques citations seront suffisantes :

Eth., *Pars* 1, *propos.* 32. La volonté ne peut être appelée cause libre, mais seulement cause nécessaire. — *Corol.* II. Car la volonté, comme toute

---

[1]. Le point de vue auquel s'est placé Hobbes n'est certainement pas très-élevé : mais il n'est pas juste de dire qu'il ait confondu la liberté morale avec la liberté physique. Le passage que nous venons de traduire suffirait pour montrer l'inexactitude de ces paroles de Jouffroy: « La première manière de nier la liberté humaine est celle qui déplace cette liberté, et la met où elle n'est pas. C'est là ce que Hobbes a fait. Hobbes s'est arrêté à cette conception vulgaire du mot *liberté* que nous adoptons tous quand nous disons qu'un homme qui était enchaîné et qui maintenant ne l'est plus, a recouvré sa liberté, etc. » (*Cours de Droit naturel*, v. 1, p. 27.)

chose, demande une cause qui la détermine à exister et à agir d'une manière donnée.

Ibid., Pars II, *dernier scholie.* Quant à la quatrième objection (le sophisme de Buridan), j'ai à dire que j'accorde parfaitement qu'un homme, placé dans cet équilibre absolu qu'on suppose (c'est-à-dire qui, n'ayant d'autre appétit que la faim et la soif, ne perçoit que deux objets, la nourriture et la boisson, également éloignés de lui) ; j'accorde, dis-je, que cet homme périrait de faim et de soif.

Ibid., P. III, *propos.* 2, *scholie.* Les décisions de l'âme naissent en elle avec la même nécessité que les idées des choses qui existent actuellement. Et tout ce que je puis dire à ceux qui croient qu'ils peuvent parler, se taire, en un mot agir en vertu d'une libre décision de l'âme, c'est qu'ils rêvent les yeux ouverts.

Lettre 62. Toute chose est déterminée nécessairement par une cause extérieure, à exister et à agir suivant une certaine loi. Exemple : Une pierre soumise à l'impulsion d'une cause extérieure en reçoit une certaine quantité de mouvement en vertu de laquelle elle continue de se mouvoir, même quand la cause motrice a cessé d'agir. Concevez maintenant que cette pierre, tandis qu'elle continue de se mouvoir, soit capable de penser, et de savoir qu'elle s'efforce, autant qu'elle peut, de continuer de se mouvoir. Il est clair qu'ayant ainsi conscience de son effort, et n'étant nullement indifférente entre le repos et le mouvement, elle se croira parfaitement libre et sera convaincue qu'il n'y a pas d'autre cause que sa volonté propre qui la fasse persévérer dans le mouvement. Voilà cette liberté humaine dont tous les hommes sont si fiers. Au fond, elle consiste en ce qu'ils connaissent leurs appétits par la conscience, mais ignorent les causes extérieures qui les déterminent.......... J'ai suffisamment expliqué par là mon sentiment touchant la nécessité libre et la nécessité de contrainte, ainsi que la prétendue liberté des hommes [1]. »

Une circonstance à noter est que Spinoza n'est arrivé à cette opinion que dans les dernières années de sa vie, c'est-à-dire après avoir passé la quarantaine (1672), tandis que plus tôt, en l'année 1665, comme il était cartésien, il avait soutenu avec décision et vivacité la doctrine opposée, dans ses *Cogitata metaphysica*, c. 12, et avait même dit, à propos du sophisme de Buridan, et en contradiction directe avec le dernier scholie de la seconde partie, que je viens de citer : « Si nous supposons un homme à la place de l'âne dans une telle position d'équilibre, cet homme devra être considéré

---

1. Traduction d'Émile Saisset, avec quelques changements.

non comme une chose pensante, mais comme le plus vil des ânes, s'il meurt de faim et de soif. » — J'aurai dans la suite à enregistrer le même revirement d'opinion de la part de deux grands hommes, preuve nouvelle que ce problème, pour être bien compris, exige des efforts sérieux et une grande pénétration.

Hume, dans son *Essai sur la liberté et la nécessité*, dont j'ai cité plus haut quelques lignes, s'exprime avec la conviction la plus lumineuse de la nécessité des volitions individuelles, les motifs étant donnés, et il l'expose de la façon la plus nette et avec cette largeur de vues qui lui est particulière. « Ainsi il apparaît, dit-il, que la connexion entre les motifs et les actes volontaires est aussi régulière et aussi uniforme que la connexion entre les motifs et l'effet dans toute autre partie de la nature. » Et plus loin : « Il semble presque impossible, par conséquent, de s'engager dans aucune science ni dans des actions d'aucune sorte, sans reconnaître expressément la doctrine de la nécessité, et cette liaison intime entre les motifs et les actes volontaires, entre le caractère et la conduite de chacun. »

Mais aucun écrivain n'a exposé la nécessité des volitions d'une manière aussi complète et aussi convaincante que Priestley, dans l'ouvrage qu'il a exclusivement consacré à ce sujet : *La doctrine de la nécessité philosophique*. Celui que ne persuade pas ce livre, écrit dans un style clair et intelligible, doit avoir l'esprit véritablement paralysé par les préjugés. Pour en résumer les conclusions, j'ajouterai ici quelques extraits, que je cite d'après la seconde édition, Birmingham, 1782 :

Préface, P. XX. « Il n'y a pas d'absurdité plus évidente pour mon intelligence que la notion de la liberté philosophique. — P. 26. Sans un miracle, ou l'intervention de quelque cause étrangère, nulle volition ni action d'aucun homme n'aurait pu être autrement qu'elle n'a été. — P. 37. Quoiqu'une inclination ou une affection quelconque de l'esprit soit une force qui diffère de la pesanteur, elle m'influence et agit sur moi avec autant de nécessité et de certitude que cette dernière force agit sur une pierre. — P. 43. Dire que la volonté se détermine elle-même, ne représente absolument aucune idée, ou plutôt implique une absurdité, à savoir qu'une *détermination*, qui est un effet, puisse se produire sans aucune espèce de cause. Car en dehors de toutes les choses qui tombent sous l'appellation commune de *motifs*, il ne reste vraiment rien du tout, qui puisse produire la détermination. Qu'un homme se serve de tous les *mots* qu'il voudra, il ne peut pas mieux concevoir comment nous pouvons parfois être déterminés par des motifs et parfois sans motifs, qu'il ne peut se figurer une balance que tantôt des poids forcent à s'incliner, et qui tantôt s'incline par l'effet d'une espèce de substance qui n'a aucune espèce de poids, et qui, par suite, quelle qu'elle puisse être *en elle-même*, n'est *absolument rien* par rapport à la balance. — P. 66. Dans la vraie langue philosophique, le motif devrait être appelé la *cause propre* de l'action. Il l'est tout autant qu'aucune autre chose dans la nature est la cause d'un phénomène quelconque. — P. 84. Il ne sera jamais en notre pouvoir de choisir entre deux résolutions, quand toutes les circonstances antérieures seront identiques. — P. 90. Un homme, il est vrai, lorsqu'il se reproche à lui-même quelque action particulière dans sa conduite passée, peut s'imaginer que, s'il se retrouvait dans le même cas, il agirait d'une façon différente. Mais c'est là une illusion pure ; et s'il s'examine lui-même strictement en tenant compte de toutes les circonstances, il peut se convaincre qu'avec la même disposition d'esprit, avec précisément la même vue des choses qu'il avait alors (abstraction faite de toute autre lumière que la réflexion peut lui avoir fournie depuis), il n'aurait pas pu agir autrement qu'il ne l'a fait. — P. 287. Bref, il n'y a ici possibilité de choisir qu'entre la doctrine de la nécessité ou l'absurdité la plus complète (*absolute nonsense*). »

Or il faut remarquer qu'il en a été de Priestley exactement comme de Spinoza, comme encore d'un autre très-grand homme dont je parlerai tout à l'heure. Priestley dit en effet dans la préface de la première édition, p. XXVII : « Toutefois, je ne me convertis pas aisément à la doctrine de la nécessité. Comme le docteur Hartley lui-même, je renonçai à ma liberté avec bien de la peine, et dans une longue correspondance, que j'entretins jadis sur ce sujet, j'ai soutenu avec opiniâtreté la doctrine de la liberté, sans céder le moindrement aux arguments que l'on m'objectait alors. »

Le troisième grand homme qui passa par les mêmes alternatives est Voltaire ; il nous l'apprend lui-même avec cette grâce et cette naïveté qui n'appartiennent qu'à lui. Dans son *Traité de Métaphysique* (chap. 7), il avait défendu longuement et avec vivacité la vieille doctrine du libre arbitre. Mais dans un ouvrage écrit plus de quarante ans après, *Le Philosophe ignorant*, il proclame la nécessité rigoureuse des volitions, au chapitre XIII, qu'il termine ainsi : « Archimède est également nécessité de rester dans sa chambre, quand on l'y enferme, et quand il est si fortement occupé d'un problème qu'il ne reçoit pas l'idée d'en sortir :

Ducunt volentem fata, nolentem trahunt (Sénèque).

L'ignorant qui pense ainsi n'a pas toujours pensé de même, mais il est enfin contraint de se rendre. » Dans le livre suivant : *Le principe d'ac-*

tion, il dit (chap. 13) : « Une boule qui en pousse une autre, un chien de chasse qui court nécessairement et volontairement après un cerf, ce cerf qui franchit un fossé immense avec non moins de nécessité et de volonté : tout cela n'est pas plus invinciblement déterminé que nous le sommes à tout ce que nous fesons. »

N'y a-t-il pas, dans le spectacle de cette triple conversion de trois esprits si supérieurs, de quoi étonner tout homme qui entreprend de combattre des vérités aujourd'hui solidement établies, au nom du témoignage du sens intime : « Et pourtant je peux faire ce que je veux ! » témoignage qui, à la vérité, n'a rien du tout à voir dans la question.

Après de tels exemples, nous ne devons pas être surpris que Kant ait admis la nécessité des manifestations du caractère empirique sous l'influence des motifs, comme une chose entendue à l'avance pour lui-même et pour tout le monde, et ne se soit pas attardé à en donner une nouvelle démonstration. Ses *Idées pour une histoire universelle* commencent par ces mots : « Quelque notion que l'on puisse se faire du libre arbitre au point de vue de la métaphysique, il est cependant hors de doute que les manifestations de cette puissance, à savoir les actions humaines, sont, aussi bien que tous les autres phénomènes de la nature, déterminées par des lois naturelles générales. » — Dans la *Critique de la Raison pure*. (P. 548 de la 1re ou P. 557 de la 5e édition), il s'exprime ainsi :

« Le caractère empirique devant être, comme effet, dérivé des phénomènes et de leur règle, donnée par l'expérience, toutes les actions de l'homme dans le phénomène sont donc déterminées suivant l'ordre physique par son caractère empirique et par d'autres causes concomitantes : et si nous pouvions pénétrer jusqu'au fond tous les phénomènes de son arbitre, il n'y aurait pas une seule action humaine qu'on ne pût certainement prédire et connaître comme nécessaire, en partant de ses conditions antérieures. Sous le rapport empirique, il n'y a donc aucune liberté, et ce n'est cependant que suivant ce caractère que nous pouvons considérer l'homme, lorsque nous voulons *observer* seulement, et que nous voulons scruter physiologiquement les causes déterminantes de ses actions, comme cela se pratique dans l'anthropologie [1]. » Dans le même ouvrage, p. 798 de la 1re édition ou p. 826 de la cinquième, il dit : « La volonté peut aussi être libre, mais uniquement en ce qui concerne la cause intelligible de notre vouloir ; car pour ce qui est des phénomènes, des expressions de cette volonté, c'est-à-dire des actions, nous ne

---

1. Trad. fr. de M. Tissot, p. 178-179.

pouvons pas les expliquer autrement que comme le reste des phénomènes de la nature, c'est-à-dire d'après leurs lois immuables, suivant une inviolable maxime fondamentale, sans laquelle il est impossible de faire aucun usage de notre raison dans l'ordre empirique [1]. »

Et ailleurs encore dans la *Critique de la Raison pratique* (P. 166 de la 4ᵉ édition, ou P. 230 de l'édition Rosenkranz) : « On peut accorder que, s'il nous était possible de pénétrer l'âme d'un homme, telle qu'elle se révèle par des actes aussi bien internes qu'externes, assez profondément pour connaître tous les mobiles, même les plus légers, qui peuvent la déterminer, et de tenir compte en même temps de toutes les occasions extérieures qui peuvent agir sur elle, nous pourrions calculer la conduite future de cet homme avec autant de certitude qu'une éclipse de lune ou de soleil [2]. »

Mais ici il rattache sa doctrine de la coexistence de la liberté et de la nécessité, grâce à la distinction entre le caractère intelligible et le caractère empirique, doctrine sur laquelle je me propose de revenir plus bas, parce que j'y souscris sans réserve. Kant l'a exposée deux fois, une première dans la *Critique de la Raison pure* (P. 531-553 de

1. Id., ibid., p. 386.
2. Traduction française de M. Jules Barni, p. 289.

la 1ʳᵉ édition, ou 500-582 de la cinquieme); et en second lieu, avec plus de clarté encore, dans la *Critique de la Raison pratique* (P. 169-179 de la 4ᵉ édition, ou P. 224-231 de l'édition Rosenkranz) : tout homme doit lire ces pages pensées avec une si éminente profondeur, s'il veut se faire une idée précise de la conciliation de la liberté humaine et de la nécessité [phénoménale] des actions.

Des productions de tous ces nobles et vénérables génies qui m'ont précédé, le travail présent se distingue jusqu'ici par deux points principaux. En premier lieu, sur l'indication de l'énoncé, j'ai soigneusement séparé dans mon analyse la perception intérieure de la volonté par la conscience de la perception externe des manifestations de celle-ci (volitions); puis je les ai examinées toutes deux chacune à part, ce qui m'a permis de signaler *pour la première fois* la source de l'illusion qui exerce une action irrésistible sur la plupart des hommes ; en second lieu, j'ai considéré la volonté dans ses rapports avec tout le reste de la nature, *ce que personne n'avait fait avant moi ;* et ce n'est qu'à l'aide des lumières que ces recherches m'ont fournies, que le sujet a pu être traité avec toute la solidité, toute la clarté, et toute la généralité méthodique dont il est susceptible.

Maintenant, encore quelques mots sur un certain nombre d'auteurs qui ont écrit après Kant, mais que je ne compte point cependant parmi mes précurseurs.

Schelling a publié une paraphrase explicative de la doctrine souverainement importante de Kant dont j'ai fait l'éloge plus haut, dans son *Examen de la question du libre arbitre*. (P. 465-471.) Cette paraphrase, par la vivacité de son coloris, peut servir, mieux que l'exposition solide mais un peu sèche de Kant, à rendre la question accessible à un grand nombre de lecteurs. Du reste il ne m'est pas permis de parler de ce travail sans avertir, par respect pour la vérité et pour Kant, que Schelling, en y exposant une des doctrines les plus importantes et les plus dignes d'admiration, je dirai même la plus profondément pensée de toutes les théories de Kant, ne déclare nulle part ouvertement que le fond au moins des idées qu'il développe appartient à Kant : bien plus, il s'exprime de telle sorte que la majeure partie des lecteurs, auxquels le contenu des ouvrages longs et difficiles du grand homme n'est pas exactement présent à l'esprit, doivent s'imaginer qu'ils ont sous les yeux les propres pensées de Schelling. *Un* exemple choisi entre beaucoup d'autres démontrera combien le résultat a été conforme à l'intention de l'auteur. Aujourd'hui encore un jeune professeur de philosophie à Halle, M. Erdmann, dit dans son livre intitulé *l'Ame et le corps* (p. 101) : « Quoique

Leibniz, de même que Schelling dans sa dissertation sur la liberté, admette que l'âme se détermine avant le temps (extemporellement), etc. » Schelling est donc sur ce point à l'égard de Kant dans l'heureuse position d'Améric Vespuce par rapport à Colomb : la découverte faite par un autre se trouve signée de son nom. Il est juste de dire d'ailleurs que c'est là un fruit de sa sagacité et non point du hasard. Car il commence ainsi son chapitre, p. 465 : « C'est à l'idéalisme que revient le mérite d'avoir transporté la question de la liberté sur le terrain (du choix extemporel), etc., » et immédiatement après suit l'exposition des idées kantiennes. Ainsi, au lieu de nommer ici Kant, ce qui eût été conforme à la loyauté, il dit finement l'*idéalisme;* mais sous cette expression équivoque chacun entendra la philosophie de Fichte et la première manière fichtienne de Schelling, et non pas la doctrine de Kant ; puisque celui-ci proteste contre l'appellation d'idéalisme donnée à sa philosophie, par exemple dans les Prolégomènes (p. 155 de l'édit. Rosenkranz), et a même ajouté à sa seconde édition de la *Critique de la Raison pure*, P. 274, une « Réfutation de l'idéalisme. » A la page suivante, Schelling glisse très-adroitement, dans une phrase incidente, les mots de « notion kantienne » de la liberté, apparemment pour fermer la bouche à ceux qui se sont déjà aperçus que c'est le trésor des idées de Kant que l'auteur débite fastueusement comme sa propre marchandise. Plus loin (p. 472), il dit encore, au mépris de toute vérité et de toute justice, que Kant ne s'est *pas* élevé en théorie jusqu'à ce nouveau point ce vue, etc.; tandis que chacun peut constater avec évidence en relisant, comme j'ai conseillé de le faire, les deux immortels passages de Kant, que c'est précisément ce point de vue qui appartient originellement à Kant tout seul, et que, sans lui, mille intelligences de la force de Messieurs Fichte et Schelling n'auraient jamais été capables d'y atteindre. Comme j'avais à parler ici du travail de Schelling, je ne pouvais pas garder le silence sur ce point; et je crois, en revendiquant pour Kant ce qui incontestablement n'appartient qu'à lui, n'avoir fait que remplir mon devoir envers ce grand maître de l'humanité, qui seul avec Gœthe est le légitime objet d'orgueil de la nation allemande, et cela surtout à une époque à laquelle peut s'appliquer tout particulièrement le mot de Gœthe :

« Le peuple des gamins est maître de la voie. »

Ajoutons que dans le même travail Schelling a mis tout aussi peu de pudeur à s'approprier les pensées et les expressions mêmes de Jacob Boehme, sans avertir le lecteur de la source à laquelle il puisait.

En dehors de cette paraphrase des idées Kantiennes, les *Considérations sur le libre arbitre* ne contiennent rien d'instructif ou qui puisse nous donner des lumières nouvelles sur notre problème. C'est du reste ce qu'on peut prévoir dès le début en lisant la définition : « La liberté est le pouvoir de faire le bien ou le mal. » Une telle définition peut être bonne pour le catéchisme : mais en philosophie elle n'a pas de sens, et par suite elle ne peut conduire à rien. Car le bien et le mal sont loin d'être de ces notions simples (*notiones simplices*) qui, évidentes par elles-mêmes, n'ont besoin d'aucun commentaire, d'aucune définition précise, d'aucun fondement solide et rationnel. En somme, il n'y a qu'une petite partie de cette dissertation qui roule sur le libre arbitre : ce qu'on y trouve surtout, c'est la description minutieuse d'un Dieu avec lequel Monsieur l'auteur (*Verfasser*) fait preuve d'une intime accointance, puisqu'il nous décrit même son origine ; il faut seulement regretter qu'il ne consacre pas un seul mot à nous apprendre par quels moyens il a formé cette liaison. Le commencement du livre est un tissu de sophismes, dont tout homme est capable de reconnaître la frivolité, pourvu qu'il ne se laisse pas éblouir par l'effronterie du ton avec lequel ils sont débités.

Depuis, et par l'effet même de cette production et d'autres semblables, on a vu s'introduire dans la philosophie allemande, au lieu de notions claires et de recherches loyalement poursuivies, « l'intuition intellectuelle » et « la pensée absolue ». Tromper, étourdir, mystifier, recourir à tous les tours d'adresse pour jeter de la poudre aux yeux du lecteur, est devenu la méthode universelle, et partout à l'*attention* qui examine les choses s'est substituée l'*intention* qui les préjuge [1]. Par cet ensemble de manœuvres, la philosophie, si l'on peut encore l'appeler de ce nom, a dû nécessairement tomber par degrés de plus en plus bas jusqu'à ce qu'elle atteignit enfin le dernier degré de l'avilissement dans la personne de la *créature ministérielle* Hegel. Cet homme, pour anéantir de nouveau la liberté de la pensée conquise par Kant, osa transformer la philosophie, cette fille de la raison, cette mère future de la vérité, en un instrument des intrigues gouvernementales, de l'obscurantisme, et du jésuitisme protestant : mais pour dissimuler l'opprobre, et en même temps pour assurer le plus grand encrassement possible des intelligences, il jeta sur elle le voile du verbiage le plus creux et du galimatias le plus stupide qui ait jamais été en-

---

1. Und durchgaengig leitet statt der *Einsicht* die *Absicht* den Vortrag.

tendu, du moins en dehors des maisons de fous [1].
En Angleterre ou en France, la philosophie est

[1]. La polémique de Schopenhauer contre Hegel, Fichte et Schelling est inspirée par des motifs d'ordre divers : une vanité maladive, exaltée jusqu'à l'*autolâtrie*, et accompagnée, comme de raison, d'une haine féroce contre des contemporains plus illustres ; la conscience secrète que les nouveautés qu'il prône ne sont pas aussi nouvelles qu'il veut le faire croire, parce que Hegel et Schelling, notamment, auraient beaucoup à revendiquer dans les parties saines de l'œuvre de Schopenhauer, qui leur a emprunté des idées en se contentant de les modifier à la surface; enfin, et c'est là l'unique excuse de tant d'acharnement et d'injures, la répulsion sincère que lui inspirent l'obscurité calculée d'Hegel et le style apocalyptique où toute l'école hégélienne s'est complu. En cela, du moins, les attaques de Schopenhauer n'ont pas été stériles; c'est un peu grâce à elles, paraît-il, que la philosophie allemande a renoncé au style hégélien. Quant à la polémique mordante et spirituelle, ce n'est pas de Schopenhauer qu'elle a pu l'apprendre. Rien de plus lourd et de plus grossier que ses invectives, qui ressemblent moins à des coups qu'à des ruades. Les fragments de sa correspondance, récemment traduits par M. J. Bourdeau, permettent d'apprécier à sa valeur le caractère de cet homme, mélange de méchanceté et d'infatuation, dont la jalousie n'a épargné que les morts et qui n'a cessé de se répandre en injures contre tous ceux qui faisaient du bruit au-dessus de lui. — Voici d'ailleurs quelques autres spécimens de la polémique de Schopenhauer contre Hegel, Fichte et Schelling; on verra comment Schopenhauer respecte en autrui cette liberté de la pensée qu'il accuse Hegel d'avoir violée.

« En accordant à Fichte l'appellation d'*homme de talent* (quelque loin qu'il soit d'être un *summus philosophus*), je l'ai placé bien au-dessus de Hegel. C'est sur le compte de celui-là seul que j'ai prononcé, sans commentaire et dans les termes les plus catégoriques, ma condamnation non qualifiée. Car cet homme, j'en ai la conviction, ne manque pas seulement de toute espèce de mérite en tant que restée dans son ensemble presque au même point où l'avaient laissée Locke et Condillac. Maine de

philosophe, mais il a exercé sur la philosophie, et par là sur toute la littérature allemande en général, une influence souverainement funeste, à proprement parler abêtissante, on pourrait dire pestilentielle, et c'est pourquoi il est du devoir de tout homme capable de penser et de juger par lui-même de le combattre en toute occasion de la façon la plus énergique. Car si nous nous taisons, qui donc élèvera la voix?... Si une ligue de journalistes conjurés pour la glorification du mal, si des professeurs soldés de l'Hégélie et des gradués sans chaire et mourant de faim qui voudraient professer, proclament aux quatre vents, sans trêve ni repos, et avec une impudence sans exemple, que ce cerveau très-ordinaire, mais extraordinaire charlatan, est le plus grand philosophe que le monde ait jamais possédé, cela ne vaut pas la peine qu'on s'en occupe, d'autant plus que la grossière préméditation de ces misérables menées a fini par devenir évidente, même aux esprits les moins exercés. Mais lorsqu'on en arrive à ce point, qu'une Académie étrangère (l'Académie de Danemark) veut prendre sous sa protection ce philosophâtre en le décorant du titre de *summus philosophus*, qu'elle se permet de flétrir l'homme qui, loyalement, intrépidement, s'insurge contre cette gloire mensongère, captée, achetée, produit d'un tissu de faussetés, avec l'énergie qui seule est à la hauteur de cette insolente exaltation et de cet importun panégyrique du faux, du mal, et de tout ce qui jette le trouble dans l'esprit; alors la chose devient sérieuse, car un jugement parti de si haut pourrait conduire des gens mal instruits à de grandes et funestes erreurs. Il doit donc être *neutralisé;* et à cet effet, puisque je n'ai pas l'autorité d'une Académie, je dois procéder par des raisons et des preuves à l'appui... Si donc je disais que la prétendue philosophie de ce Hegel est une colossale mystification, qui offrira à la postérité un thème inépuisable de railleries aux dépens de notre époque, une pseudo-philosophie qui paralyse toutes les forces de l'esprit, qui étouffe toute véritable pensée, et qui, au moyen des plus audacieux abus de langage, y substitue le verbiage le plus creux, le plus vide de sens,

Biran, que son éditeur, M. Cousin, appelle « le premier métaphysicien français de mon temps »,
le plus vide d'idées, et, comme le résultat l'a démontré, le plus abêtissant : doctrine qui ayant pour *noyau* (base) une fantaisie absurde et prise en l'air, manque également de principes et de conséquences, c'est-à-dire n'est démontrée par rien, ne démontre elle-même et n'explique rien, en outre, manquant d'originalité, une simple parodie du Réalisme scolastique et en même temps du Spinozisme, lequel monstre doit aussi, de dos, représenter le Christianisme — πρόσθε λέων, ὄπιθεν δὲ δράκων, μέσση δὲ χίμαιρα, — j'aurais pleinement raison. Et si je disais encore que ce *summus philosophus* a griffonné des sottises comme pas un autre mortel, à tel point que celui qui pourrait lire son ouvrage le plus estimé, la *Phénoménologie de l'Esprit*, sans se croire dans une maison de fous, y appartiendrait de droit, — je serais encore dans le vrai. » — Ailleurs : « Qu'on ne s'attende point à m'entendre parler avec respect de gens qui ont fait tomber la philosophie dans le mépris. » — « Que celui qui en a la patience, lise les §§ 40-62 où le *summus philosophus* expose la philosophie de Kant en la dénaturant ; qu'il admire ensuite comment, incapable de mesurer la grandeur du mérite de Kant, placé aussi trop bas par la nature pour pouvoir se réjouir de l'apparition si indiciblement rare d'un génie vraiment sublime, il jette un regard dédaigneux, du haut de cette supériorité infinie dont il a conscience, sur ce grand, grand homme, comme sur quelqu'un qu'il dépasse de cent têtes, et dans les essais duquel, faibles encore et sentant l'école, il indique avec une froide mésestime, d'un ton mêlé d'ironie et de pitié, les fautes et les erreurs, pour l'instruction de ses disciples ! Cette affectation de grandeur en présence du vrai mérite, est à la vérité une *ficelle* connue de tous les charlatans à pied et à cheval, mais, malgré cela elle ne manque guère son effet sur les pauvres d'esprit. Aussi est-ce précisément cet air de supériorité qui, joint à un vain barbouillage de niaiseries, fut l'artifice principal de ce charlatan... Et c'est véritablement par ces procédés qu'il a éveillé dans le public allemand une haute opinion de la sagesse renfermée dans son Abracadabra, car le public se dit : « Ils ont l'air fiers et

se montre, dans ses *Nouvelles considérations sur les rapports du physique et du moral* (pu-

mécontents, ils doivent être de noble maison. » (Goethe). — « Juger d'après ses propres moyens est le privilége du petit nombre : les autres se laissent guider par l'autorité et par l'exemple. Ils voient avec les yeux et entendent avec les oreilles d'autrui. C'est pourquoi il est bien facile de penser comme tout le monde pense aujourd'hui ; mais penser comme tout le monde pensera dans trente ans d'ici, cela n'est pas donné à chacun. Celui donc qui, habitué à admirer sur parole, s'est laissé imposer par le crédit d'autrui le culte de quelque écrivain et qui veut ensuite communiquer ce culte à d'autres, peut facilement se mettre dans la situation du commerçant, qui, ayant escompté une mauvaise lettre de change, qu'on lui renvoie contre son attente avec protêt, est obligé de se donner à lui-même la leçon de mieux se renseigner une autre fois sur la solvabilité du tireur et de l'endosseur. » — « C'est un honneur pour Locke, d'avoir été appelé par Fichte le plus mauvais des philosophes. » — « Ces exemples suffisent pour montrer la longueur de ce qui... perce, dès que l'on entr'ouvre par quelque fissure l'épaisse enveloppe du galimatias insensé, insulte perpétuelle à la raison humaine, dans laquelle le *summus philosophus* aime à s'avancer à pas comptés pour en imposer aux pauvres d'esprit. On dit : *ex ungue leonem* : moi je dois dire, *decenter* ou *indecenter*, *ex aure asinum*. » — « Telle est l'origine de cette méthode philosophique qui suivit immédiatement l'enseignement de Kant..., et dont le règne sera désigné un jour dans l'histoire de la philosophie sous le nom de « Période de la Déloyauté. » Comme héros de cette époque, brillent Fichte et Schelling, auquel succéda en dernier lieu un homme tout à fait indigne d'eux, et placé encore bien plus bas que ces hommes de talent, ce charlatan lourd et sans esprit — Hegel. » — « La *reconnaissance* de la nécessitation rigoureuse des actions humaines est la ligne de démarcation qui sépare les têtes philosophiques de celles qui ne le sont pas : et Fichte, arrivé à cette limite, montra clairement qu'il appartenait à ces dernières. » — « M. de Schelling enseigne que la pesanteur est la *raison*, et la lumière la *cause* des choses ;

bliées en 1834), partisan fanatique de la liberté d'indifférence, et il l'accepte comme une vérité qui s'entend tout à fait de soi. C'est ainsi que pro-

— ce que je me contente de citer comme une curiosité, parce qu'un bavardage aussi frivole et aussi étourdi ne mérite pas de place parmi les jugements de penseurs sérieux et honnêtes. » — « Songe donc un peu (c'est un professeur de philosophie qui parle) que nous sommes en Allemagne, où l'on a pu faire ce qui n'eût été possible nulle part ailleurs, décorer du titre de grand esprit et de profond penseur, un philosophe sans esprit, ignorant, barbouilleur de bêtises, désorganisant de fond en comble et pour toujours les cervelles par un verbiage plus creux que tout ce qu'on avait jamais entendu — je veux dire notre cher Hegel. » — On croirait difficilement que les dernières phrases que nous avons citées sont empruntées à l'ouvrage le plus obscur et le plus abstrait de Schopenhauer, la *Dissertation sur le Quadruple Principe de Raison Suffisante*, dont il donna en 1847 une seconde édition augmentée de dix pages d'invectives du goût de celles que l'on vient de lire. Terminons par un passage tiré de la Préface qu'il annexa à cette réimpression, et dont la conclusion mérite d'être remarquée : « Oui, si parfois maintenant l'indignation me sort de tous les pores, le lecteur ne m'en voudra point; car il reconnaîtra que j'ai prédit d'avance ce qui arrive, lorsqu'ayant à la bouche la « recherche de la vérité, » on ne cesse de tenir les yeux fixés sur les intentions et les prescriptions d'autorités supérieures ; lorsqu'en même temps on étend à la philosophie le mot *e quovis ligno fit Mercurius*, et qu'on décore du nom de grand philosophe, un lourd charlatan comme Hegel... La philosophie allemande est là devant nous, chargée de mépris, rayée du nombre des sciences loyales, — pareille à une prostituée, qui, pour un honteux salaire, s'est livrée hier à l'un, et aujourd'hui à l'autre ; et les cervelles de la génération actuelle sont désorganisées par les absurdités hégéliennes : incapables de penser, assourdies et abêties par tant de tapage, *elles deviennent la proie du plat matérialisme, sorti en rampant de l'œuf de basilic.* »

cèdent plusieurs des écrivains philosophiques plus récents de l'Allemagne : la liberté d'indifférence, déguisée sous le nom de « liberté morale », passe à leurs yeux pour la chose du monde la plus assurée, absolument comme si tous les grands hommes que j'ai nommés plus haut n'avaient jamais vécu. Ils déclarent que le libre arbitre nous est immédiatement prouvé par la conscience, et que le témoignage de celle-ci l'établit d'une façon si inébranlable, que tous les arguments qui le combattent ne peuvent être que des sophismes. Cette sereine confiance provient tout simplement de ceci, que ces braves gens ne savent même pas ce qu'est et ce que signifie le libre arbitre; dans leur naïveté, ils n'entendent par ce mot que la souveraineté de la volonté sur les membres du corps, souveraineté que jamais un homme raisonnable n'a révoquée en doute, et dont la fameuse affirmation « je peux faire ce que je veux » est une expression précise. Ils s'imaginent de très-bonne foi que c'est là ce qui constitue le libre arbitre, et sont tout fiers de le voir ainsi au-dessus de toute controverse. Voilà l'état de naïveté et d'ignorance auquel, après un passé si glorieux, la philosophie hégélienne a ramené la pensée en Allemagne ! A la vérité on pourrait crier à des gens de cette espèce :

« N'êtes-vous pas comme les femmes, qui toujours,
« En reviennent à leur premier mot,
« Après qu'on leur a parlé raison pendant des heures? »

Toutefois il faut dire que les motifs théologiques signalés plus haut peuvent exercer une secrète influence sur un bon nombre d'entre eux.

A leur suite, écoutons avec quelle avidité les écrivains qui s'occupent de médecine, de zoologie, d'histoire, de belles-lettres, saisissent aujourd'hui les moindres occasions de prôner la « liberté de l'homme, » la « liberté morale ! » Cela leur suffit pour se croire quelque chose. A la vérité, ils ne se laissent pas amener à donner des explications sur ces mots : mais si l'on pouvait sonder le fond de leurs idées, on trouverait que par leur liberté morale ils entendent, ou bien je ne sais quoi dénué de tout sens, ou bien notre bonne vieille liberté d'indifférence, sous quelque sublime phraséologie qu'ils puissent la déguiser, c'est-à-dire une notion de l'absurdité de laquelle on ne réussira peut-être jamais à convaincre le vulgaire, mais que du moins des savants devraient se garder d'affirmer avec tant de naïveté! Aussi y a-t-il parmi eux quelques peureux, qui sont bien amusants : n'osant plus parler du libre arbitre, ils évitent ce mot et disent prétentieusement « la liberté de l'esprit » — et ils espèrent s'esquiver ainsi. Je vois le lecteur me demander d'un air intrigué : « Et qu'entendent-ils par là ? » Je suis heureusement en état de le lui dire : Rien, absolument rien : — si les mots en allemand signifient quelque chose, ce n'est là qu'une expression vague, à proprement parler privée de sens, sous le couvert de laquelle leur platitude et leur lâcheté s'efforcent de se dissimuler. Le mot « esprit », expression à la vérité *tropologique*, désigne pour tout le monde l'ensemble des facultés intellectuelles, par opposition à la volonté. Or ces facultés ne doivent nullement être libres dans leur exercice, mais se conformer toujours aux lois de la logique et de plus rester subordonnées à l'objet particulier qu'elles conçoivent et en harmonie avec lui, de sorte que leur conception soit pure, c'est-à-dire objective, et qu'il n'y ait jamais lieu de dire : *Stat pro ratione voluntas*. En somme, cet « esprit » qui aujourd'hui s'étale partout dans la littérature allemande, est un compagnon des plus suspects auquel il faut toujours demander son passeport quand on le rencontre. Son métier le plus habituel est de servir de masque à la pauvreté intellectuelle associée à la lâcheté. D'ailleurs le mot esprit (*geist*) est, comme on sait, parent du mot *gaz*, qui lui-même, dérivé de l'arabe et introduit dans nos vocabulaires par l'alchimie, signifie *vapeur* ou *air*, de même que *spiritus*, πνεῦμα, *animus*, est parent d'ἄνεμος, vent [1].

Tel est, dans le monde philosophique et dans le monde savant, l'état actuel des intelligences

---

[1]. Quand on a lu des traits d'esprit de cette force on hésite à souscrire à l'affirmation de M. Ribot : « Si

au sujet du problème qui nous occupe, après tout ce qu'ont enseigné sur ce point tant de grands esprits dont nous venons de rappeler les noms ; ce qui permet de constater une fois de plus que non-seulement la nature, à toutes les époques, n'a produit qu'un nombre très-restreint de véritables penseurs, mais que ces penseurs eux-mêmes n'ont vécu que pour un très-petit nombre de leurs semblables. C'est pour cette raison que la folie et l'erreur règnent continuellement sur le monde [1].

Dans une question de morale, le témoignage des grands poëtes est aussi d'un certain poids. Leurs

---

Schopenhauer était traduit dans notre langue, on s'étonnerait de le trouver si peu allemand. » C'est bien ici ou jamais le cas de dire : *Nimis germanicè !*

1. Nous traduisons ici, à titre de rapprochement, une page éloquente de Schopenhauer (*Préface de l'Éthique*, p. XXXI) : « Rien ne rabaisse autant le niveau intellectuel que d'admirer et de glorifier le mal. Car Helvétius dit avec raison : « Le degré d'esprit nécessaire pour nous plaire, est une mesure exacte du degré d'esprit que nous avons. » Il est bien plus facile d'excuser ceux qui méconnaissent passagèrement le bien que ceux qui prônent le mal : car ce qu'il y a de plus excellent dans tous les genres nous apparaît si neuf et si étranger, grâce à son originalité même, que, pour le reconnaître au premier coup d'œil, il ne faut pas seulement avoir de l'intelligence, mais une connaissance profonde du sujet spécial dont il s'agit. On comprend dès lors pourquoi en général les découvertes du génie ne sont reconnues que tard, d'autant plus tard qu'elles appartiennent à un ordre plus élevé, *et que les véritables porte-flambeaux de l'humanité partagent le destin des étoiles fixes, dont la lumière met bien des années avant de parvenir dans l'horizon de la vue bornée des hommes.*

opinions ne se sont pas formées à la suite d'une étude systématique ; mais la nature humaine est ouverte à leurs pénétrants regards, et leurs yeux atteignent immédiatement à la vérité. — Dans Shakespeare (*Measure for Measure*, A. II, sc. II), Isabella demande au tyran Angelo la grâce de son frère condamné à mort :

ANGELO. Je ne veux pas lui pardonner.
ISABELLA. Mais le pourriez-vous, si vous le vouliez ?
ANGELO. Songez que ce que je ne *veux* pas faire, je ne
[*peux* pas le faire.

Par contre le culte du mal, du faux, du niais et même de l'absurde et de l'insensé, n'admet aucune excuse : on prouve tout simplement, en le pratiquant, que l'on n'est qu'un imbécile, et qu'on restera tel jusqu'à la fin de ses jours : car le bon sens ne s'apprend pas... D'ailleurs, en traitant une fois comme elle le mérite, après provocation de sa part, l'Hégélie, cette peste de la littérature allemande, je suis certain de la reconnaissance des hommes sincères et intelligents, s'il en existe encore. Car ils seront tout à fait de l'opinion que Voltaire et Gœthe ont exprimée comme il suit avec une conformité de vues si frappante : « La faveur prodiguée aux mauvais ouvrages est aussi contraire au progrès que le déchaînement contre les bons. » (*Lettre à la duchesse du Maine*). — « Le véritable obscurantisme ne consiste pas à empêcher la diffusion de la lumière, de la vérité et de l'utile, mais à colporter le faux. » (*Œuvres Posthumes de Gœthe*, vol. 9, p. 54.) Et quelle époque a jamais assisté à un colportage si méthodique et si audacieux du détestable que les vingt dernières années en Allemagne ? Quelle autre pourrait offrir en parallèle une semblable apothéose de l'absurdité et de la déraison ? Pour quelle autre Schiller semble-t-il avoir écrit si prophétiquement ces vers :

J'ai vu les couronnes sacrées de la gloire
Profanées sur un front vulgaire.

(*Écrit en* 1840.)

Dans la *Twelfth Night,* A. 1, on lit :

Destin, montre ta force : nous ne disposons pas de nous-
[mêmes,
Ce qui est décrété doit être; et je m'abandonne à l'évé-
[nement.

Walter Scott aussi, ce grand connaisseur et ce grand peintre du cœur humain et de ses impulsions les plus secrètes, a mis en lumière cette profonde vérité, dans *La source de St-Ronan,* vol. 3. chap. 6. Il nous représente une pécheresse qui meurt dans le repentir, et qui essaie sur son lit de mort de soulager par des aveux sa conscience troublée : il lui prête entre autres les paroles suivantes : « Allez, et abandonnez-moi à mon destin. Je suis la plus détestable créature qui ait jamais vécu : détestable à moi-même, ce qui est le pire : car même dans ma pénitence il y a un secret murmure qui me dit que si je me trouvais de nouveau dans les mêmes circonstances qu'autrefois, je referais toutes les misérables actions que j'ai commises, et bien plus encore. Oh ! que Dieu me vienne en aide, pour écraser cette criminelle pensée ! »

Comme complément à cette poétique exposition, je citerai le fait suivant, qui lui est pour ainsi dire parallèle, et fournit en même temps une preuve très-convaincante à l'appui de la doctrine de l'invariabilité des caractères. Il a passé en 1845 du journal français *la Presse* dans le *Times* du 2 juillet 1845, d'où je le traduis [1]. Il a été publié sous ce titre : Une exécution militaire à Oran. « Le 24 mars un Espagnol du nom d'Aguilera, *alias* Gomez, avait été condamné à mort. Le jour avant l'exécution, il dit, dans une conversation avec son geôlier : « Je ne suis pas aussi coupable qu'on l'a prétendu : on m'accuse d'avoir commis trente meurtres, tandis que je n'en ai commis que vingt-six. Dès mon enfance j'eus la soif du sang : quand j'avais sept ans et demi, je poignardai un enfant. J'ai assassiné une femme enceinte, et plus tard un officier espagnol, en suite de quoi je me vis forcé de m'enfuir d'Espagne. Je me suis réfugié en France, où j'ai commis deux crimes avant d'entrer dans la légion étrangère. De tous mes crimes, celui que je regrette le plus est le suivant : en 1841 je fis prisonnier, à la tête de ma compagnie, un commissaire-général, escorté d'un sergent, d'un caporal et de sept hommes : je les fis tous décapiter. La mort de ces gens pèse sur moi : je les vois dans mes rêves, et demain je les verrai dans les soldats envoyés pour me fusiller. Et néanmoins, si je recouvrais ma liberté, j'en assassinerais d'autres encore. »

Le passage suivant, tiré de l'*Iphigénie* de Gœthe,

1. L'article du *Times*, qui est fort long, a été abrégé par Schopenhauer.

peut encore être rappelé avec avantage ici :

ARCAS. Car tu n'as pas fait cas de mon fidèle conseil.
IPHIGÉNIE. Ce que j'ai pu faire, je l'ai fait volontiers.
ARCAS. Il est temps encore de changer d'avis.
IPHIGÉNIE. Cela n'est plus en notre pouvoir [1].

Terminons en citant un passage célèbre du *Wallenstein* de Schiller, où notre vérité fondamentale se trouve également exprimée avec éclat :

« Les actions et les pensées humaines, sachez-le,
Ne sont pas semblables aux vagues de la mer emportées
[par un mouvement aveugle.
L'intérieur de l'homme, image abrégée du monde exté-
[rieur, est
La source profonde d'où elles jaillissent éternellement.
Elles se produisent *nécessairement*, comme le fruit de
[l'arbre,
Et les jeux du hasard ne sauraient les changer.
Quand j'ai étudié les parties les plus intimes de l'homme
Je connais aussi et ses volontés et ses actions. »

---

1. Acte IV, scène 2. — *Trad. de X. Marmier, Charpentier*, 1858.
2. *Wallenstein*, acte II, scène III. (*Traduction de M. Oscar Falateuf*, sauf quelques changements.) Cette tirade, dans Schiller, vient immédiatement à la suite des trois vers cités, p. 172.

CHAPITRE V

CONCLUSION ET CONSIDÉRATION PLUS HAUTE.

C'est avec plaisir que dans le chapitre précédent j'ai rappelé au souvenir du lecteur le nom de tous ceux qui en poésie comme en philosophie ont glorieusement soutenu la vérité pour laquelle je combats. Toutefois ce ne sont pas les autorités, mais les arguments, qui sont les armes propres des philosophes : aussi me suis-je servi exclusivement de ceux-ci pour établir et défendre mon opinion, à laquelle j'espère pourtant avoir donné un tel degré d'évidence, que je me crois pleinement justifié à tirer la conclusion *à non posse ad non esse*, dont j'ai parlé en commençant [1]. Tout d'abord, après avoir examiné les données fournies par le témoignage de la conscience, j'ai répondu négativement

---

1. Voyez page 38.

à la question de l'Académie Royale : maintenant, cette même réponse, fondée sur un examen direct et immédiat du sens intime, c'est-à-dire à *priori*, se trouve confirmée médiatement et à *posteriori* : car il est évident que lorsqu'une chose n'existe point, on ne saurait trouver dans la conscience les données nécessaires pour en démontrer la réalité.

Quand même la vérité que j'ai démontrée dans ce travail appartiendrait à la classe de celles qui peuvent échapper à l'intelligence prévenue d'une multitude aux vues bornées, et même paraître choquantes aux faibles et aux ignorants, une telle considération ne devait toutefois pas me retenir de l'exposer sans détours et sans réticences; car je ne m'adresse pas en ce moment au peuple, mais à une Académie éclairée, qui n'a pas mis au concours une question aussi opportune en vue d'enraciner plus profondément les préjugés, mais en l'honneur de la vérité. — En outre, tant qu'il s'agit encore d'établir et de consolider une idée juste, celui qui poursuit loyalement la vérité doit toujours considérer uniquement les arguments qui la confirment, et non les conséquences qu'elle peut entraîner, ce qu'il sera toujours temps de faire quand cette idée sera solidement établie. Peser uniquement les raisons, sans se préoccuper des conséquences, et ne pas se demander tout

CONCLUSION ET CONSIDÉRATION PLUS HAUTE 181

d'abord si une vérité nouvellement reconnue s'accorde ou non avec le système de nos autres convictions, — telle est la méthode que Kant a déjà recommandée, et je ne saurais m'empêcher de répéter ici ses propres paroles [1] :

« Cela confirme cette maxime déjà reconnue et vantée par d'autres, que dans toute recherche scientifique il faut poursuivre tranquillement son chemin avec toute la fidélité et toute la sincérité possibles, sans s'occuper des obstacles qu'on pourrait rencontrer ailleurs, et ne songer qu'à une chose, c'est-à-dire à l'exécuter pour elle-même, en tant que faire se peut, d'une façon exacte. Une longue expérience m'a convaincu que ce qui, au milieu d'une recherche, m'avait parfois paru douteux, comparé à d'autres doctrines étrangères, quand je négligeais cette considération et ne m'occupais plus que de ma recherche, jusqu'à ce qu'elle fût achevée, finissait par s'accorder parfaitement et d'une manière inattendue avec ce que j'avais trouvé naturellement, sans avoir égard à ces doctrines, sans partialité et sans amour pour elles. Les écrivains s'épargneraient bien des erreurs, bien des peines perdues (puisqu'elles ont pour objet des fantômes), s'ils pouvaient se résou-

---

[1]. *Critique de la Raison Pratique*, p. 239 de l'édition Rosenkranz.

dre à mettre plus de sincérité dans leurs travaux ¹. »

Ajoutons à cela que nos connaissances métaphysiques sont encore bien loin d'être assez certaines pour que nous ayons le droit de rejeter aucune vérité solidement démontrée, par cela seul que ses conséquences semblent en contradiction avec elles. Bien plus, toute vérité prouvée et établie est une conquête sur le domaine de l'inconnu dans le grand problème du savoir en général, et un ferme point d'appui où l'on pourra appliquer les leviers destinés à remuer d'autres fardeaux; c'est aussi un point fixe d'où l'on peut s'élancer d'un seul bond, dans les occasions favorables, pour considérer l'ensemble des choses d'un point de vue plus élevé. Car l'enchaînement des vérités est si étroit dans chaque partie de la science, que celui qui a pris possession pleine et entière d'une quelconque d'entre elles peut légitimement espérer qu'elle sera le point de départ d'où il s'avancera vers la conquête du tout. De même que pour la solution d'une question difficile d'algèbre une seule grandeur donnée positivement est d'une importance inappréciable, parce qu'elle rend possible cette solution; ainsi, dans le plus difficile de tous les problèmes humains, à savoir la métaphysique, la connaissance assurée, démontrée à *priori* et à

---

1. P. 301 de la trad. française.

posteriori, de la rigoureuse nécessité avec laquelle les actes humains résultent du caractère et des motifs comme un produit de ses facteurs, est un *datum* également sans prix, une vérité à la seule lumière de laquelle on peut découvrir la solution du problème tout entier. Aussi toute théorie qui ne peut pas s'appuyer sur une démonstration solide et scientifique doit s'effacer devant une vérité aussi bien fondée, partout où elle se trouve en opposition avec elle, bien loin que le contraire ait lieu : et sous aucun prétexte la vérité ne doit se laisser entraîner à des accommodements et à des concessions, pour se mettre en harmonie avec des prétentions énoncées au hasard, et peut-être erronées.

Qu'on me permette encore une observation générale. Un regard jeté en arrière sur le résultat acquis nous donne l'occasion de remarquer que pour la solution des deux problèmes qui ont été désignés déjà dans le chapitre précédent comme les plus profonds de la philosophie moderne, et dont les anciens par contre n'avaient qu'une connaissance vague, — je veux dire le problème du libre arbitre et celui du rapport de l'idéal et du réel, — la raison saine, mais (philosophiquement) inculte [1], n'est pas seulement incompétente, mais a même

---

1. C'est-à-dire le sens commun, ou plutôt ce qu'on appelle vulgairement « le gros bon sens. »

une tendance naturelle et décidée à l'erreur, et que, pour l'en garantir, l'intervention d'une philosophie déjà fort avancée est nécessaire. Il est en effet tout à fait naturel au sens commun d'accorder beaucoup trop à l'objet dans l'ensemble de la connaisssance, et c'est pourquoi il a fallu un Locke et un Kant pour montrer quelle grande part doit y être attribuée au sujet. Pour ce qui concerne la volonté, le sens commun obéit à un penchant contraire : il accorde bien trop peu à l'objet et beaucoup trop au sujet, en faisant découler la volition tout entière du sujet, sans tenir un compte suffisant du facteur objectif, à savoir le motif, qui, à proprement parler, *détermine l'essence individuelle des actions*, tandis que c'est seulement leur caractère général et universel, c'est-à-dire leur caractère moral fondamental, qui dérive du sujet. Une interprétation aussi inexacte de la vérité, naturelle à l'intelligence dans le domaine des recherches spéculatives, ne doit toutefois pas nous surprendre : car l'intelligence est originellement destinée à poursuivre des buts pratiques, et aucunement des recherches spéculatives.

Si maintenant, à la suite de l'exposition précédente, nous avons clairement fait reconnaître au lecteur que l'hypothèse du libre arbitre doit être absolument écartée, et que toutes les actions des hommes sont soumises à la nécessité la plus inflexible, nous l'avons par là même conduit au point où il peut concevoir *la véritable liberté morale*, qui appartient à un ordre d'idées supérieur.

Il existe, en effet, une autre vérité de fait attestée par la conscience, que j'ai complétement laissée de côté jusqu'ici pour ne pas interrompre le cours de notre étude. Cette vérité consiste dans le sentiment parfaitement clair et sûr de notre responsabilité morale, de l'imputabilité de nos actes à nous-mêmes, sentiment qui repose sur cette conviction inébranlable, que nous sommes nous-mêmes les auteurs de nos actions. Grâce à cette conviction intime, il ne vient à l'esprit de personne, pas même de celui qui est pleinement persuadé de la nécessité de l'enchaînement causal de nos actes, d'alléguer cette nécessité pour se disculper de quelque écart, et de rejeter sa propre faute de lui-même sur les motifs, bien qu'il soit établi que par leur entrée en jeu l'action dût se produire d'une façon inévitable. Car il reconnaît très-bien que cette nécessité est soumise à une condition subjective, et qu'*objectivement*, c'est-à-dire dans les circonstances présentes, par suite sous l'influence des mêmes motifs qui l'ont déterminé, une action toute différente, voire même directement opposée à celle qu'il a faite, était parfaitement possible, et aurait pu être accomplie, *pourvu toutefois qu'il eût été un autre* : c'est de cela seulement qu'il s'en est fallu. *Pour lui-même*, parce qu'il est *tel* et non *tel*, parce qu'il a tel caractère et non tel autre, une action différente n'était à la vérité pas possible; mais *en elle-même et par suite objectivement*, elle était réalisable. Sa responsabilité, que la conscience lui atteste, ne se rapporte donc à l'acte même que médiatement et en apparence : au fond, c'est sur son caractère qu'elle retombe ; c'est de son caractère qu'il se sent responsable. Et c'est aussi de celui-là seul que les autres hommes le rendent responsable, car les jugements qu'ils portent sur sa conduite rejaillissent aussitôt des actes sur la nature morale de leur auteur. Ne dit-on pas, en présence d'une action blâmable : « Voilà un méchant homme, un scélérat, » ou bien : « C'est un coquin ! » — ou bien : « Quelle âme mesquine, hypocrite, et vile ! » — C'est sous cette forme que s'énoncent nos appréciations, et c'est sur le caractère même que portent tous nos reproches. L'action, avec le motif qui l'a provoquée, n'est considérée que comme un témoignage du caractère de son auteur ; elle est d'ailleurs le symptôme le plus sûr de sa moralité, et montre pour toujours et d'une façon incontestable quelle est la nature de son caractère. C'est donc avec une grande pénétration qu'Aristote a dit : « Nous louons ceux qui ont déjà fait leurs preuves. Les actes, en effet, sont le signe de la disposition intérieure, à tel point que nous louerions même celui qui n'a pas encore agi si nous avons confiance qu'il est disposé à le faire (*Rhétorique*, 1, 9). » Ce n'est pas sur une action passagère, mais sur les qualités durables de son auteur, c'est-à-dire sur le caractère dont elle émane, que portent la haine, l'aversion et le mépris. Aussi, dans toutes les langues, les épithètes marquant la perversion morale, les termes d'injure qui la flétrissent, sont bien plus souvent des attributs applicables à l'homme qu'aux actions mêmes dont il se rend coupable. On les applique à son caractère (car c'est à lui qu'incombe véritablement la faute), lorsque ses manifestations extérieures, c'est-à-dire ses actes, ont révélé sa nature particulière et permis de l'apprécier.

Là où est la faute doit être également la responsabilité : et puisque le sentiment de cette responsabilité est l'unique donnée qui nous fasse induire l'existence de la liberté morale, la liberté elle-même doit résider là où la responsabilité réside, à savoir : *dans le caractère de l'homme*. Cette conclusion est d'autant plus nécessaire que nous sommes persuadé que la liberté ne saurait se trouver dans les actions individuelles, qui s'enchaînent d'après un rigoureux déterminisme une fois que le caractère est donné. Or le caractère, comme il a été montré dans le troisième chapitre, est inné et invariable.

Nous allons maintenant considérer d'un peu plus près la liberté entendue dans ce dernier sens, le seul pour lequel des données positives existent, afin qu'après avoir refusé d'admettre la liberté comme un fait de conscience et en avoir déterminé le véritable siége, nous nous efforcions autant que possible de nous en faire une idée nette au point de vue philosophique.

Dans le troisième chapitre, on a vu que chaque action humaine est le produit de deux facteurs : le caractère individuel et le motif. Cela ne signifie aucunement qu'elle soit une espèce de moyen terme, de compromis entre le motif et le caractère ; au contraire elle satisfait pleinement à chacun d'eux, en s'appuyant, dans toute sa possibilité, sur les deux à la fois ; car il faut et que la cause active puisse agir sur ce caractère, et que ce caractère soit déterminable par une telle cause. Le caractère est l'essence empiriquement reconnue, constante et immuable, d'une volonté individuelle. Or, comme ce caractère est pour toute action un facteur aussi nécessaire que le motif, on comprend par là le sentiment qui nous atteste que tous nos actes émanent de nous-mêmes, et cette affirmation « je veux », qui accompagne toutes nos actions, en vertu de laquelle chacun doit les reconnaître comme siennes, et en accepter la responsabilité morale. Nous retrouvons ici ce « je veux, et ne veux jamais que ce que je veux » que nous rencontrions plus haut dans l'examen du témoignage de la conscience, et qui égare le sens commun jusqu'à lui faire soutenir obstinément l'existence d'une liberté absolue du *faire* ou du *ne pas faire*, d'un *liberum arbitrium indifferentiæ*. Ce sentiment n'est rien de plus que la conscience du second facteur de l'acte, qui en luimême serait tout à fait insuffisant pour le produire et qui, par contre, le motif intervenant, est également incapable de faire obstacle à sa production. Mais ce n'est qu'après avoir été amené ainsi à des manifestations actives, qu'il donne à connaître sa véritable nature à l'entendement, lequel, dirigé vers le dehors plutôt que vers le dedans, n'apprend à connaître l'essence de la volonté qui se trouve associée à lui dans une même personne, que par l'observation empirique de ses manifestations. C'est, à proprement parler, cette connaissance de plus en plus immédiate et intime avec nous-mêmes qui constitue la conscience morale [1], laquelle, par cette raison, ne fait entendre sa voix *directement*

---

1. Schopenhauer remarque (*Pens. et fragm.*, p. 171) que les hommes appellent *conscience morale* ce qui n'est souvent qu'une *conscientia spuria*, où les idées morales ont bien moins de part que la crainte du châtiment. Quand nous avons *violé la loi*, nous sentons que *nous nous sommes mis hors la loi*, et ce sentiment, qui est en définitive une crainte, suffit pour nous troubler au milieu de la sécurité apparente la plus complète.

qu'après l'action. *Avant* l'action, elle intervient tout au plus *indirectement*, en nous obligeant, au moment de la délibération, à tenir compte de son entrée en jeu prochaine, que nous nous figurons grâce à nos réflexions et à nos retours sur les cas analogues, au sujet desquels elle s'est déjà prononcée.

Il convient à présent de rappeler au lecteur l'explication proposée par Kant et déjà mentionnée au chapitre précédent, sur le rapport entre le caractère intelligible et le caractère empirique, grâce à laquelle se concilient la liberté et la nécessité. Cette théorie appartient à ce que ce grand homme, et je dirai même à ce que toute l'humanité a jamais produit de plus beau et de plus profond. Il me suffit d'y renvoyer, car ce serait m'étendre inutilement que de la reprendre ici. Par elle seule on peut concevoir, dans la mesure des forces humaines, comment la nécessité rigoureuse de nos actes est néanmoins compatible avec cette liberté morale dont le sentiment de notre responsabilité est un irrécusable témoignage ; par elle encore, nous sommes les véritables auteurs de nos actions, et celles-ci nous sont moralement imputables.

La distinction entre le caractère empirique et le caractère intelligible, telle que Kant l'a exposée, relève du même esprit que sa philosophie tout entière, dont le trait dominant est la distinction entre le phénomène et la chose en soi. Et de même que pour Kant la *réalité empirique* du monde sensible subsiste concurremment avec son *idéalité transcendantale*, ainsi la rigoureuse *nécessitation (empirique)* de nos actes s'accorde avec notre *liberté transcendantale*. Car le caractère empirique, en tant qu'objet de l'expérience, est, comme l'homme tout entier, un simple phénomène, soumis par suite aux formes de tout phénomène — le temps, l'espace et la causalité — et régi par leurs lois. Par contre, la condition et la base du caractère phénoménal que l'expérience nous révèle, indépendante, en tant que chose en soi, de ces formes, et soustraite par suite à tout changement dans le temps, demeurant constante et immuable, s'appelle le caractère intelligible, c'est-à-dire la volonté de l'homme en tant que chose en soi. Ainsi considérée, elle a sans doute la liberté absolue pour privilège, c'est-à-dire qu'elle est indépendante de la loi de causalité (en tant que celle-ci est simplement la forme des phénomènes); mais cette liberté est transcendantale, c'est-à-dire qu'elle est invisible dans le monde de l'expérience. Elle n'existe qu'autant que nous faisons abstraction de l'apparence phénoménale et de toutes ses formes, pour nous élever jusqu'à cette réalité mystérieuse, qui, placée hors du temps, peut être pensée comme l'essence intérieure de l'homme en soi. Grâce à cette liberté, toutes les actions de l'homme sont véritablement son propre ouvrage, malgré la nécessité avec laquelle elles découlent du caractère empirique, lorsque celui-ci subit l'action des motifs; parce que ce caractère empirique est simplement l'apparence phénoménale du caractère intelligible, soumis par notre entendement aux formes de l'espace, du temps et de la causalité, c'est-à-dire la manière et l'aspect sous lesquels se présente à notre entendement l'essence propre de notre moi en soi. Il suit de là sans doute que la volonté est libre, mais seulement *en elle-même* et en dehors du monde des phénomènes. Dans ce monde-ci, au contraire, elle se présente déjà avec un caractère général entièrement fixé d'avance, auquel toutes les actions doivent être conformes; par suite, lorsqu'elles sont déterminées avec plus de précision encore par l'entrée en jeu des motifs, elles doivent nécessairement se produire de telle ou telle façon, à l'exclusion de toute autre.

Ces considérations nous conduisent, comme il est facile de le voir, à chercher l'œuvre de la liberté humaine, non plus, ainsi que le fait le sens commun du vulgaire, dans nos actions individuelles, mais dans la nature tout entière (*existentia et essentia*) de l'homme, qui doit être considérée comme *un acte libre*, se manifestant seulement, — pour un entendement soumis aux formes du temps, de l'espace, et de la causalité, — sous l'apparence d'une multiplicité et d'une variété d'actions, lesquelles cependant, précisément à cause de l'unité primitive de la chose en soi qu'elles manifestent, doivent toutes être revêtues du même caractère, et paraître rigoureusement nécessitées par les différents motifs qui à chaque fois les provoquent et les déterminent individuellement. C'est pourquoi, dans le monde de l'expérience, la maxime *Operari sequitur Esse* (les actions sont conformes à l'essence) est une vérité qui ne souffre pas d'exceptions. Chaque chose agit conformément à sa nature et c'est par ses manifestations actives, sous la sollicitation des motifs, que sa nature nous est révélée. De même, tout homme agit conformément à ce qu'il est, et l'action conforme à sa nature est déterminée dans chaque cas particulier par l'influence nécessitante des motifs. La liberté, qui par suite ne peut pas exister dans l'*Operari* (l'Action), doit résider dans l'*Esse* (l'Etre). C'est une erreur fondamentale, un *hystéron protéron* de tous les temps, d'attribuer la nécessité à l'*Être* et la liberté à l'*Action* : c'est le contraire qui est le vrai ; dans l'*Être* seul réside la liberté, mais de l'*Esse* et des motifs l'*Operari* résulte nécessairement, et *c'est par ce que nous faisons que nous reconnaissons nous-mêmes ce que nous sommes*. C'est sur cette vérité, et non sur une prétendue *liberté d'indifférence*, que reposent la conscience de la responsabilité et la tendance morale de la vie. Tout dépend de ce qu'*est* un homme; ce qu'il *fait* en découle naturellement, comme un corollaire d'un principe. Le sentiment intime de notre pouvoir personnel et de notre causalité qui accompagne incontestablement tous nos actes, malgré leur dépendance à l'égard des motifs, et en vertu duquel nos actions sont dites *nôtres*, — ne nous abuse donc pas : mais la portée véritable de cette conviction dépasse la sphère des actes et remonte, si l'on peut dire, plus haut, puisqu'elle s'étend à notre nature et à notre essence mêmes, d'où découlent nécessairement tous nos actes sous l'influence des motifs. Dans ce sens, on peut comparer ce sentiment de notre autonomie et de notre causalité personnelles, comme aussi celui de la responsabilité qui accompagne nos actions, à une aiguille qui, montrant un objet placé au loin, semblerait, aux yeux du vulgaire, indiquer un objet plus rapproché d'elle et situé dans la même direction.

En résumé, l'homme ne fait jamais que ce qu'il veut, et pourtant, il agit toujours nécessairement. La raison en est qu'il *est* déjà *ce qu'il veut :* car de ce qu'il *est* découle naturellement tout ce qu'il *fait*. Si l'on considère ses actions *objectivement*, c'est-à-dire par le dehors, on reconnaît avec évidence que, comme celles de tous les êtres de la nature, elles sont soumises à la loi de la causalité dans toute sa rigueur; *subjectivement*, par contre, chacun sent qu'il ne fait jamais *que ce qu'il veut*. Mais cela prouve seulement que ses actions sont l'expression pure de son essence individuelle. C'est ce que sentirait pareillement toute créature, même la plus infime, si elle devenait capable de sentir [1].

La liberté n'est donc pas supprimée par ma solution du problème, mais simplement déplacée et reculée plus haut, à savoir en dehors du domaine des actions individuelles, où l'on peut démontrer qu'elle n'existe pas, jusque dans une sphère plus élevée, mais moins facilement accessible à notre intelligence — c'est-à-dire qu'elle est transcendantale. Et telle est aussi la signification que je voudrais voir attribuer à cette parole de Malebranche : « La liberté est un mystère, » devise sous laquelle la présente dissertation a essayé de résoudre la question proposée par l'Académie royale.

[1]. Il y a là une idée profonde que Schopenhauer a évité de développer, sans doute parce qu'il reconnaissait qu'elle appartient en propre à Schelling et à Hegel. — « La liberté est la nécessité comprise. » (Hegel.) — « Tout être, aussitôt qu'il devient sujet, convertit la détermination en spontanéité, la nécessité en liberté. » (Schelling.)

FIN.

APPENDICES

I

POUR SERVIR DE COMPLÉMENT AU PREMIER CHAPITRE.

En conséquence de la distinction établie par nous dès le commencement de cet ouvrage entre la liberté physique, la liberté intellectuelle et la liberté morale, il me reste encore, après avoir achevé de traiter de la première et de la dernière, à examiner la seconde, ce que je ne ferai que par le désir d'être complet, et avec le plus de briéveté possible.

L'entendement, ou faculté cognitive, est le *médium* des motifs, c'est-à-dire l'intermédiaire par lequel ils agissent sur la volonté, qui est à proprement parler le fond même (le noyau) de l'homme. Ce n'est qu'autant que cet intermédiaire entre les motifs et la volonté se trouve dans un état normal, accomplit régulièrement ses fonctions et présente au choix de la volonté les motifs dans toute leur pureté, tels qu'ils existent dans la réalité du monde extérieur [1], que

[1]. Reid objecterait, avec infiniment de raison, que les motifs n'ont aucune valeur *indépendamment de nous*, et que parler des motifs « tels qu'ils existent dans le monde extérieur, » c'est perdre de vue qu'un objet quelconque ne devient *motif* que par rapport à un entendement qui le conçoit de telle ou telle façon. C'est le cas de répéter l'adage scolastique : « *Causa finalis agit non secundùm suum esse reale, sed secundùm suum esse cognitum.* » — Il y a là d'ailleurs le germe d'une question extrêmement délicate, pour laquelle je me permets de renvoyer au chapitre 1ᵉʳ du Livre III de la *Morale* de M. Janet, et que Fichte tranchait par cette maxime : « Agis toujours suivant la conviction actuelle que tu as de ton devoir. »

celle-ci peut se décider conformément à sa nature, c'est-à-dire au caractère individuel de l'homme, et par suite se manifester sans obstacle, d'après son essence particulière : en ce cas l'homme est intellectuellement libre, ce qui signifie que ses actions sont le résultat véritable et non altéré de la réaction de sa volonté sous l'influence des motifs, qui, dans le monde extérieur, sont présents à son esprit comme à celui de tous les hommes. Par suite, elles lui sont alors imputables moralement aussi bien que juridiquement.

Cette liberté intellectuelle est abolie : 1° Lorsque l'intermédiaire des motifs, l'entendement, est troublé pour toujours ou seulement passagèrement; 2° Lorsque des causes extérieures, dans certains cas particuliers, altèrent la conception nette des motifs. Le premier cas est celui de la folie, du délire, du paroxysme, de la passion, et de la somnolence qui résulte de l'ivresse ; le second est celui d'une erreur décidée et innocente, comme celle d'un homme qui verserait à boire à un autre un poison au lieu d'un médicament, ou qui, voyant entrer de nuit un domestique dans sa chambre, le prendrait pour un voleur et le tuerait, — et autres accidents semblables. Car dans l'un et l'autre de ces cas les motifs sont altérés, et la volonté ne peut pas se décider comme elle le ferait dans les mêmes circonstances, si l'intelligence les lui présentait sous leur aspect véritable. Les crimes commis dans de telles conditions ne sont pas légalement punissables. Car les lois partent de cette juste présomption, que la volonté *ne possède pas* la liberté morale (auquel cas on ne pourrait pas la diriger) ; — mais qu'elle est soumise à la contrainte nécessitante des motifs ; c'est pourquoi, à tous les mobiles possibles qui peuvent exciter au crime, le législateur s'efforce d'opposer, dans les punitions dont il le menace, des motifs contraires plus puissants. Un code pénal n'est pas autre chose qu'un dénombrement de motifs propres à tenir en échec des volontés portées au mal [1]. Mais s'il est arrivé que l'intelligence, par l'intermédiaire de laquelle les motifs opposés doivent agir, s'est trouvée momentanément incapable de les concevoir et de les présenter à la volonté, alors leur action devenant impossible, ils ont été pour l'esprit comme s'ils n'existaient pas. C'est comme lorsqu'on découvre qu'un des fils qui devaient mouvoir une machine est rompu. En pareil cas, la responsabilité passe de la volonté à l'intelligence; mais celle-ci ne peut être soumise à aucune pénalité : c'est à la volonté seule que les lois s'adressent, ainsi que toutes les prescriptions de la morale. La volonté seule constitue l'homme proprement dit; l'intelligence est simplement son organe, ses antennes dirigées vers le dehors, c'est-à-dire l'intermédiaire entre les motifs et la volonté [2].

Au point de vue moral, de telles actions ne nous sont pas plus imputables qu'au point de vue juridique. Car elles ne constituent pas un trait du caractère de l'homme : ou bien il a agi autrement qu'il ne méditait de le faire, ou bien il était incapable de réfléchir à ce qui aurait dû le détourner de cet acte, c'est-à-dire d'être touché par les motifs contraires. De même, lorsqu'on soumet un corps que l'on veut analyser chimiquement à l'action de plusieurs réactifs, pour voir avec lequel il a la plus puissante af-

1 Cf. Fouillée, *ouvr. cit.*, p. 26.
2. V. Ribot, *ouvr. cit.*, p. 69-73.

finité, si l'on trouve, l'expérience faite, que par l'intervention d'un obstacle fortuit une des substances n'a pas pu réagir, l'expérience est considérée comme absolument sans valeur.

La liberté intellectuelle, que nous avons vue complètement supprimée dans les exemples précédents, peut dans d'autres cas n'être que diminuée ou abolie partiellement. C'est ce qui arrive surtout dans l'ivresse et dans la passion. La passion est l'excitation soudaine, violente de la volonté [1], par une représentation qui pénètre par le dehors et acquiert la force d'un motif; cette représentation possède une telle vivacité qu'elle obscurcit et ne laisse pas arriver jusqu'à l'entendement toutes celles qui pourraient agir contrairement en tant que motifs opposés. Ces représentations, qui sont pour la plupart d'une nature abstraite, de simples pensées, tandis que celle qui excite la passion est quelque chose de présent et de sensible, ne peuvent pas influer au même titre sur le résultat final et n'ont donc pas ce que les Anglais appellent « *fair play* » (jeu équitable, chances égales). L'action se trouve déjà accomplie, avant qu'elles puissent agir en sens contraire. C'est comme lorsque dans un duel un des adversaires tire avant le commandement. Ici encore, la responsabilité

---

1. C'est plutôt le contraire qui est le vrai. L'état passionné, c'est-à-dire la prédominance d'un désir « exalté par l'imagination et nourri par l'habitude », correspond à une abdication passagère de la volonté, plutôt qu'à son degré de puissance le plus élevé, qui a lieu dans la calme possession de soi. Il est juste d'ajouter que la volonté, telle que l'entend ici Schopenhauer, équivaut presque au θυμός de Platon, pour lequel il est si difficile de trouver un équivalent dans notre langue.

juridique et morale est, selon les circonstances, plus ou moins abolie, mais elle subsiste toujours en partie. En Angleterre, un meurtre commis dans un état de surexcitation complète et sans la moindre réflexion, dans la violence d'une crise de colère subitement provoquée, est qualifié de *manslaughter* (homicide) et puni d'une peine légère, ou même parfois absous. — L'ivresse est un état qui prédispose aux passions, parce qu'il augmente la vivacité des représentations sensibles, en affaiblissant par contre la pensée *in abstracto*, et accroît en outre l'énergie de la volonté. A la responsabilité des actions mêmes se substitue ici la responsabilité de l'ivresse : et c'est pourquoi les délits commis dans cet état ne restent pas complétement impunis en justice, bien que la liberté intellectuelle y soit en partie supprimée [1].

Aristote, dans l'*Éthique à Eudème* (II, c. 7 et 9) et avec un peu plus de détail dans l'*Éthique à Nicomaque* (III, c. 2), parle déjà, quoique d'une façon très-sommaire et très-insuffisante, de cette liberté intellectuelle, τὸ ἑκούσιον καὶ ἀκούσιον κατὰ διάνοιαν [2]. — C'est elle qui est en question, lorsque la médecine

---

1. Aristote a admirablement traité cette question de droit : il a vu que si l'on n'est pas directement responsable des actes commis dans l'ivresse ou dans la passion, on peut cependant être rendu responsable de cette *irresponsabilité* même. V. *Éthique à Nicomaque*, liv. III, ch. 6.

2. « Tout ce qu'on fait librement, on le fait en le voulant ; et tout ce qu'on fait en le voulant, on le fait librement. » (*Éthique à Eudème*.) Schopenhauer est très-injuste envers Aristote, qui n'a pas confondu, comme il le prétend, la volonté avec la liberté : il dit même expressément (*Éthique à Eudème*, II, VII, 11) : « Il nous paraît impossible de confondre la volonté et la liberté. » V. Hildebrand, *Aristoteles Stellung zum Determinismus*, Leipzig. 1884.

légale et la justice criminelle se demandent si un criminel était *libre*, et par suite responsable, au moment où il a commis un acte.

En résumé, on peut considérer un crime comme commis en l'absence de la liberté intellectuelle, lorsque son auteur, au moment d'agir, ne savait pas ce qu'il faisait, ou, plus généralement, lorsqu'il était dans l'incapacité de concevoir ce qui aurait dû l'en détourner, je veux dire les conséquences (légales) de son acte. En ces deux cas il n'est donc pas punissable.

Ceux qui par contre s'imaginent qu'à cause de la non-existence de la liberté morale et de la nécessité qui en résulte pour toutes les actions d'un individu donné, aucun criminel ne devrait rationnellement être puni, partent de cette fausse idée sur la pénalité, qu'elle est un châtiment des crimes en tant que crimes, une punition du mal par le mal, au nom de motifs moraux. Mais il me semble, malgré l'autorité de Kant, que la pénalité envisagée ainsi serait absurde, inutile, et absolument injustifiable. Car de quel droit un homme s'érigerait-il en juge absolu de ses semblables au point de vue moral, et comme tel leur infligerait-il des peines en punition de leurs fautes ? La loi, c'est-à-dire la menace de la peine [1], a bien plutôt pour but d'être un motif contraire destiné à balancer dans l'esprit des hommes les séductions du mal. Si dans un cas particulier elle manque son effet, elle doit mettre à exécution sa menace, parce qu'autrement elle serait également impuissante dans tous les cas à venir. Le criminel, de son côté, souffre la

---

1. *Leges... præcepta minis permixta.* (Sénèque.)

peine dans ce cas, en conséquence de la perversité de sa nature morale, qui sous l'action des circonstances, c'est-à-dire des motifs, et de son intelligence, qui lui faisait entrevoir l'espérance de l'impunité, a produit l'action d'une façon inévitable. Cela posé, il n'y aurait injustice à son égard que si son caractère moral n'était pas son propre ouvrage, son *acte intelligible*, mais l'ouvrage de quelque force différente de lui [1]. La même relation se constate entre une action et ses conséquences, lorsqu'une manière d'agir coupable porte les fruits qu'elle mérite, non par l'effet des lois des hommes, mais par celui des lois de la nature; ainsi, lorsque les débordements infâmes amènent d'affreuses maladies, ou bien dans le cas où un malfaiteur, en essayant de pénétrer par force dans une maison, éprouve quelque mécompte fortuit, par exemple lorsque s'étant introduit la nuit dans une étable à porcs, pour en dérober les hôtes accoutumés, il trouve à leur place un ours, dont le maître est descendu la veille dans cette même auberge, et qui s'élance à sa rencontre les bras ouverts.

1. La question de la conciliation du déterminisme et de la pénalité légale méritait d'être traitée avec plus de détail : cette conciliation, essayée par Platon et reprise par Spinoza, nous semble acceptable sans l'hypothèse kantienne d'un *caractère intelligible* né d'un *choix extemporel*. D'ailleurs, comme l'a justement fait observer M. de Hartmann, on ne peut admettre sans contradiction un caractère intelligible individuel, puisque les seuls principes d'individuation concevables sont l'espace et le temps, qui n'existent pas dans le monde des intelligibles.

II

Il est essentiel, pour bien comprendre les conclusions du travail de Schopenhauer, de se faire une idée exacte de la doctrine de Kant sur la liberté. On la trouvera exposée dans un chapitre spécial de la *Morale* de M. Janet, Puisque les traductions françaises de Kant sont très répandues, il nous a semblé inutile d'annexer à ce volume les deux importants passages auxquels nous avons renvoyé plus haut le lecteur. Mais nous avons pensé qu'il pourrait être intéressant d'en reproduire une analyse faite par Schopenhauer lui-même, dans sa dissertation sur le *Fondement de la morale*, p. 174-179. (Ce morceau, qui présente quelques longueurs, a été par endroits plutôt résumé que traduit.)

DOCTRINE DE KANT SUR LE CARACTÈRE INTELLIGIBLE ET LE CARACTÈRE EMPIRIQUE. — THÉORIE DE LA LIBERTÉ.

Hobbes le premier, puis Spinoza et Hume, ainsi que Holbach dans son *Système de la nature*, et enfin Priestley, qui traita la question de la façon la plus exacte et la plus complète, avaient si complètement démontré et mis hors de doute l'absolue et rigoureuse nécessité des volitions, sous l'influence des motifs, qu'elle devait dès lors être comptée au nombre des vérités les plus solidement établies. L'ignorance et l'inculture seules pouvaient continuer à parler d'une liberté existant dans les actions individuelles de l'homme, d'un *liberum arbitrium indifferentiæ*. Kant, acceptant les arguments irréfutables de ses prédécesseurs, considéra la parfaite nécessité des volitions comme une chose entendue d'avance, sur le compte de laquelle on ne pouvait plus élever de doutes ; c'est ce que montrent tous les passages où il ne parle de la liberté qu'au point de vue théorique. Mais il restait vrai, d'autre part, que tous nos actes sont accompagnés de la conscience de notre pouvoir sur nous-mêmes, de notre causalité personnelle, ainsi que de celle de leur *originalité* [1]. Grâce à ce sentiment intime, nous les avouons comme notre œuvre propre, et chacun, avec une sécurité infaillible, se croit le véritable auteur de ses actes et moralement responsable de ce qu'il fait. Mais puisque la responsabilité présuppose la possibilité d'avoir agi autrement, et par suite la liberté, il s'en suit que le sentiment de la liberté est implicitement contenu dans celui de la responsabilité. Pour résoudre cette apparente contradiction, Kant appliqua sa profonde distinction entre le phénomène et la chose en soi, qui est le caractère dominant de toute sa philosophie et en constitue le principal mérite. La clef longtemps cherchée était enfin découverte.

L'individu, avec son caractère immuable et inné, rigoureusement déterminé dans toutes ses manifestations par la loi de causalité qui apparaît chez les êtres intelligents sous la forme de la motivation, est seulement un *phénomène*. La *chose en soi* qui lui sert de *substratum* est, en tant que située hors de l'espace et du temps, une et immuable, affranchie de la succession et de la pluralité [2]. Son essence *en soi* est le *caractère intelligible*, également présent

1. Urspruenglichkeit.
2. Pour Schopenhauer, le temps et l'espace sont les *principia individuationis*. (V. *Schopenhauer et Frauenstœdt*, dans la *Revue Philosophique* du 1er mars 1876).

dans tous les actes de l'individu et imprimé en eux comme un chiffre sur mille cachets ; c'est lui qui détermine le caractère empirique, lequel, en tant que phénomène, se révèle dans le temps et par une succession d'actes, et qui par suite doit montrer, dans toutes ses manifestations que les motifs provoquent, la constance invariable d'une loi naturelle. Cette théorie fournissait encore une explication rationnelle et vraiment philosophique de cette invariabilité, de cette constance inflexible du caractère empirique de tout homme, que les penseurs sérieux avaient de tout temps constatée, tandis que les autres s'imaginaient qu'on pouvait transformer le caractère d'un individu par des leçons de morale. Ainsi la philosophie était mise d'accord avec l'expérience, et n'avait plus à rougir devant la sagesse populaire, qui avait depuis longtemps énoncé cette vérité dans le proverbe espagnol : *Lo que entra con el capillo, sale con la mortaja* (ce qui entre avec le bonnet s'en va avec le linceul); ou bien : *Lo que en la leche se mama, en la mortaja se derrama* (ce que l'on suce avec le lait, on le déverse dans le linceul).

Cette doctrine de Kant sur la coexistence de la liberté et de la nécessité me paraît être ce que l'esprit humain a jamais produit de plus imposant et de plus profond. Elle et l'esthétique transcendantale sont les deux grands diamants dans la couronne de la gloire kantienne, qui brillera d'un éclat éternel....

On peut se faire une idée encore plus nette de cette doctrine de Kant et de l'essence de la liberté, en les reliant à une vérité générale, dont l'expression la plus complète me paraît être ce principe souvent exprimé par les scolastiques : *Operari sequitur esse ;* c'est-à-dire que chaque être dans le monde agit conformément à son essence, dans laquelle toutes ses manifestations actives sont déjà contenues en puissance (*potentiâ*), mais ne passent à l'acte (*actum*) que lorsque les causes extérieures les y déterminent ; et ce sont ces manifestations mêmes qui font connaître l'essence dont elles émanent. Cette essence est le *caractère empirique*, tandis que la raison dernière de celui-ci, inaccessible à l'expérience, est le caractère intelligible, c'est-à-dire l'essence *en soi* de cet objet. L'homme ne fait point d'exception au reste de la nature : lui aussi a un caractère invariable, qui cependant est tout individuel et varie d'un homme à l'autre. Toutes les actions d'un individu, déterminées dans leurs conditions extérieures par les motifs, doivent toujours rester (moralement) conformes à ce caractère immuable et individuel : chacun doit *agir* comme il *est*. C'est pourquoi, dans chaque cas particulier, un homme donné ne peut faire *qu'une seule action: operari sequitur esse*. La liberté n'est pas un attribut du caractère empirique, mais seulement du caractère intelligible. L'*operari* d'un homme donné est déterminé extérieurement par les motifs, et intérieurement par son caractère : aussi tout ce qu'il fait, il le fait nécessairement. Mais c'est dans son *Esse* que la liberté réside. *Il aurait pu* être autrement qu'il n'est[1] : et c'est à ce qu'il *est* actuellement, qu'incombe le mérite ou le démérite. Car

---

1. Il y a là, ce me semble, quelque confusion entre l'acception *objective* et l'acception *subjective* du mot *pouvoir*, l'une impliquant la simple possibilité, et l'autre la puissance effective.

toutes ses actions découlent naturellement de son essence, comme de simples corollaires d'un principe.

La théorie de Kant nous fait enfin revenir de cette erreur fondamentale, qui plaçait la nécessité dans l'*Esse* et la liberté dans l'*Operari*, et nous fait comprendre que c'est le contraire qui est le vrai... Qu'un homme soit *tel et non autre*, ce que l'ensemble même de ses propres actions lui apprend — voilà ce dont il se sent responsable : c'est là, c'est dans l'*Esse* que se trouve l'endroit que l'aiguillon de la conscience atteint. Car la conscience n'est précisément que la connaissance de plus en plus intime que notre manière d'agir nous donne du moi propre. C'est pourquoi la conscience, à *l'occasion* de nos actions, accuse au fond notre nature morale. L'*Operari* appartient au domaine de la nécessité. Nous-mêmes nous n'apprenons à nous connaître qu'empiriquement, comme les autres hommes, et nous n'avons de notre caractère aucune connaissance à *priori*. Bien plus, il arrive tout d'abord que nous avons de nous-mêmes une opinion très-haute, et devant notre tribunal intérieur la maxime *quisque præsumitur bonus, donec probetur contrarium* vaut tout aussi bien que devant les tribunaux criminels.

Celui qui est capable de reconnaître, même sous les formes les plus diverses qu'elle peut revêtir, l'essence d'une idée et ses traits distinctifs, pensera avec moi que cette doctrine de Kant sur le caractère intelligible et empirique est une idée qui avait déjà frappé Platon, mais que Kant le premier a su élever à la clarté abstraite et vraiment philosophique. Car Platon, n'ayant pas reconnu l'idéalité du temps, ne pouvait exposer cette doctrine que sous une forme mythique et en la rattachant à la métempsycose. Mais on reconnaîtra avec encore plus d'évidence l'identité des deux doctrines, en lisant l'explication du mythe platonicien telle que Porphyre l'a développée, avec tant de précision et de netteté que sa concordance avec la théorie abstraite de Kant s'impose inévitablement à l'esprit. Ce passage de Porphyre, dans lequel il commente tout spécialement le mythe placé par Platon dans la seconde partie du dixième livre de la République, appartient à un ouvrage qui n'est pas parvenu jusqu'à nous : mais Stobée nous l'a conservé en entier au deuxième livre de ses *Eclogæ*[1] (chap. 8, §§ 37-40). Pour engager le lecteur curieux à lire dans Stobée les pages indiquées, qui sont du plus haut intérêt, je vais rappeler ici le court § 39 ; il fera reconnaître que ce mythe de Platon peut être considéré comme une forme allégorique de la grande et profonde théorie que Kant a établie, dans sa pureté abstraite, sous le titre de Doctrine du caractère intelligible et du caractère empirique, — et que par suite l'esprit humain était parvenu à cette vérité depuis des milliers d'années, et même peut-être bien avant Platon, puisque Porphyre est d'avis que Platon lui-même l'a reçue des Égyptiens. D'ailleurs elle se trouve déjà contenue dans la doctrine de la métempsycose du brahmanisme, qui est, selon toute probabilité, la source de la sagesse des prêtres égyptiens. Voici la traduction du paragraphe en question : « La pensée de Platon, prise dans son ensemble, me paraît être

---

1. Les *Eclogæ* étaient une des lectures favorites de Schopenhauer. Il en existe un exemplaire couvert de notes marginales de sa main.

la suivante : les âmes, avant d'entrer dans des corps et d'être soumises à des genres de vie déterminés, ont la liberté de choisir telle existence ou telle autre, qu'elles devront mener ensuite dans le corps particulier qui convient à chacune d'elles ; en sorte qu'elles peuvent choisir la vie d'un lion, aussi bien que celle d'un homme. Mais une fois qu'elles se sont décidées pour un genre d'existence déterminée, cette liberté leur est enlevée. Puis, quand elles sont descendues dans les corps, et que d'âmes libres elles sont devenues les âmes d'animaux, elles obtiennent le degré de liberté qui convient à la nature de chaque animal. Or cette liberté peut être tantôt très-intelligente et très-mobile[1], comme chez l'homme, tantôt restreinte et peu mobile, comme chez la plupart des autres animaux. Elle dépend étroitement de la nature de chaque animal, et bien qu'elle se meuve par elle-même[2], elle est dirigée par les instincts qui résultent de cette nature[3]. »

1. Πολύνουν καὶ πολυκίνητον.... ὀλιγοκίνητον καὶ μονότροπον.
2. Κινούμενον μὲν ἐξ αὐτοῦ. — Platon appelle souvent l'âme αὐτοκίνητος. (Vis sui motrix.)
3. Tacite, dont l'éducation philosophique fut certainement platonicienne, fait quelque part à la même doctrine une allusion très-claire qui n'a pas été assez remarquée : « *Alii fatum quidem congruere rebus putant, sed non e vagis stellis, verùm apud principia et nexus naturalium causarum : ac tamen electionem vitæ nobis relinquunt, quam ubi elegeris, certum imminentium ordinem.* » (Ann. VI, XXII.) On trouvera ce point développé avec quelque détail dans notre étude sur *la Philosophie de Tacite* (*Revue de l'Instruction publique* du 29 janvier 1876).

FIN DES APPENDICES.

TABLE DES MATIÈRES

AVERTISSEMENT.................................. V-VIII

CHAPITRE PREMIER. — *Définitions.* 1° De la liberté. Distinction entre trois genres de libertés. Réduction du concept de la liberté au concept général de l'absence de nécessité. — Définition de la nécessité. Distinction entre trois genres de nécessités. Affirmation fondamentale de la liberté morale. — 2° De la conscience. — Distinction entre la conscience et la perception extérieure. La volonté est l'objet essentiel et même exclusif de la conscience. 1-22

CHAPITRE II. — *La volonté devant la conscience.* — Chaque volition a un objet qui en est la cause et la matière. — Le témoignage de la conscience nous atteste, non pas notre libre arbitre, mais notre pouvoir personnel sur nos organes. C'est une affirmation *hypothétique* de notre pouvoir d'agir, et non une affirmation *catégorique* de notre pouvoir de vouloir. — L'examen de ce témoignage nous autorise donc à répondre négativement à la question de l'Académie Royale : reste à confirmer cette réponse par une conclusion *à non esse ad non posse*, en démontrant la non-existence de la liberté morale.. 23-48

CHAPITRE III. — *La volonté devant la perception extérieure.* — Le principe de causalité, considéré comme la forme la plus générale de notre entendement. — Trois formes de ce principe, la causation, l'excitation et la motivation. Leurs caractères distinctifs. — Différenciation progressive de la cause et de l'effet à mesure qu'on s'élève dans la série des êtres. — La volonté, instrument de cette transformation chez les animaux supérieurs. Nécessité absolue de tous les *effets*. — Croyance implicite des hommes à l'action nécessitante des motifs. — Origine psychologique de l'illusion qui nous fait croire au libre arbitre. Si l'on admet le libre arbitre, chaque action humaine est un effet sans cause. — Tout phénomène est le produit de deux facteurs : la cause et le caractère de l'objet modifié. — Application de cette loi générale à l'homme : le caractère et les motifs. — Le caractère de l'homme est individuel, invariable et inné. Les vices et les vertus sont innés. — Le libre arbitre implique l'hypothèse d'une existence sans essence. — Sophisme de Buridan. — Témoignages du Dante et d'Aristote. — Inconséquence de Leibniz et de ses imitateurs. — L'anticipation de l'avenir rendue impossible par le libre arbitre....... 49-1

CHAPITRE IV. — *Tous les grands penseurs se sont rangés à l'idée déterministe.* — Jérémie. — Luther. — Aristote. — Cicéron. — Le Livre des Macchabées. — Passage de saint Clément d'Alexandrie. — Opinion de saint Augustin. — Vanini. — Hume. — Kant. — Retour sur saint Augustin. — Citations de Hobbes. — Spinoza. — Passages de Hume et de Priestley. — Voltaire. — Distinction de Kant entre le caractère empirique et le caractère intelligible. — Critique du livre de Schelling. — Invectives contre la philosophie de son temps. — Philosophie française : Maine de Biran et Victor Cousin. — Opinion des poètes : Shakespeare. — Walter Scott. — Gœthe. — Schiller........................ 127-178

CHAPITRE V. — *Conclusion et considération plus haute.* — Sentiment de la responsabilité morale. —

Ce sentiment porte sur le caractère et non sur les actes. — La responsabilité comme la liberté résident dans l'*Esse* et non dans l'*Operari*. — Exposition de la doctrine de Kant. — Transcendantalité de la liberté morale........................ 179-195

APPENDICE I. — *De la liberté intellectuelle.* — La liberté intellectuelle consiste dans la possibilité de l'action des motifs sur la volonté. — Cas où elle est supprimée. — Fondement rationnel de la pénalité. Conciliation des peines légales et du déterminisme 196-202

APPENDICE II. — Exposition de la théorie de Kant sur la liberté, empruntée à la *Dissertation sur les Fondements de la Morale*, par Schopenhauer. — Passage très-important de Porphyre, cité par Stobée.. 203-209

FIN DE LA TABLE DES MATIÈRES.

Coulommiers. — Typ. P BRODARD et GALLOIS.

ANCIENNE LIBRAIRIE GERMER BAILLIÈRE ET Cⁱᵉ
FÉLIX ALCAN, ÉDITEUR
108, boulevard Saint-Germain, 108

TRADUCTION FRANÇAISE DES ŒUVRES
DE
A. SCHOPENHAUER

DE LA QUADRUPLE RACINE
DU
PRINCIPE DE LA RAISON SUFFISANTE

Dissertation philosophique suivie d'une
Histoire de la doctrine de l'idéal et du réel

TRADUIT EN FRANÇAIS PAR J.-A. CANTACUZÈNE
1 volume in-8°, 5 fr.

Cette dissertation de philosophie élémentaire parut pour la première fois sous forme de thèse pour le doctorat; plus tard elle est devenue le fondement de tout le système de Schopenhauer. Par le développement donné à certaines parties, l'ouvrage est même une théorie résumée de toutes les facultés de l'intelligence.

1. Introduction.
2. Exposé sommaire de tout ce qui a été enseigné jusqu'ici de plus important sur le principe de la raison suffisante.
3. Insuffisance de l'exposé qu'on en a fait jusqu'ici, et esquisse d'un exposé nouveau.
4. De la première classe d'objets pour le sujet, et de la forme qu'y revêt le principe de la raison suffisante.
5. De la seconde classe d'objets pour le sujet, et de la forme qu'y revêt le principe de la raison suffisante.
6. De la troisième classe d'objets pour le sujet, et de la forme qu'y revêt le principe de la raison suffisante.
7. De la quatrième classe d'objets pour le sujet et de la forme qu'y revêt le principe de la raison suffisante.
8. Considérations générales et résultats.

Appendice :

Histoire de la doctrine de l'idéal et du réel.

APHORISMES
SUR LA SAGESSE DANS LA VIE

TRADUITS EN FRANÇAIS PAR J.-A. CANTACUZÈNE
1 volume in-8°, 2ᵉ édition, 5 fr.

La notion de la sagesse dans la vie est prise ici dans son acception immanente, l'auteur entendant par là l'art de rendre la vie aussi agréable ou une endémonologie. Or, l'endémonologie reposant sur une erreur innée, l'auteur a dû s'éloigner entièrement du point ?   s élevé, métaphysique et moral auquel conduit sa véritable philos.. J. Tous les développements de l'ouvrage sont donc fondés sur un accommodement, en ce sens qu'ils se placent au point de vue habituel, empirique et en conservent l'erreur. Cette matière n'a guère été traitée que par Cardan, et brièvement par Aristote. Schopenhauer n'a pas eu recours à ses devanciers: compiler n'est pas son fait et le lecteur doit s'en féliciter car l'auteur aurait perdu par là cette unité de vue qui est l'âme des œuvres de cette espèce.

CHAPITRE PREMIER
DIVISION FONDAMENTALE
CHAPITRE II
DE CE QUE L'ON EST
1. La santé de l'esprit et du corps.
2. La beauté.
3. La douleur et l'ennui. L'intelligence.
CHAPITRE III
DE CE QUE L'ON A
CHAPITRE IV
DE CE QUE L'ON REPRÉSENTE
1. De l'opinion d'autrui.
2. Le rang.
3. L'honneur.
4. La gloire.
CHAPITRE V
PARÉNÈSES ET MAXIMES
1. Maximes générales.
2. Concernant notre conduite envers nous-mêmes.
3. Concernant notre conduite envers les autres.
4. Concernant notre conduite en face de la marche du monde et en face du sort.
CHAPITRE VI
DE LA DIFFÉRENCE DES AGES DE LA VIE.

LE FONDEMENT DE LA MORALE
TRADUIT PAR A. BURDEAU

1 volume in-18, 2ᵉ édition, 2 fr. 50

Cet ouvrage a été écrit en vue d'un concours ouvert par la Société royale du Danemark. Si l'auteur y prit part, quoique âgé de cinquante-deux ans, c'est qu'il n'avait plus d'autre moyen de se faire connaître, et son désir de popularité était grand, peut-être parce que son système, dirigé tout entier vers la pratique, a besoin, pour se réaliser, du consentement de l'univers entier. Un premier mémoire sur le *Libre arbitre* (voir plus loin) avait été, l'année précédente, couronné par l'Académie de Drontheim (Norvège); celui-ci n'eut pas le prix et Schopenhauer qui en fut outré se fit gloire de son insuccès et publia les deux mémoires réunis. *Le Fondement de la morale* complète la traduction de cet ouvrage et forme ainsi l'introduction la plus naturelle, peut-être, à la philosophie de Schopenhauer, la morale étant, dans son système, la partie la plus accessible à la fois et la plus essentielle. Ce n'est pas celui des ouvrages de cet auteur où son caractère apparaît le moins clairement; son style n'est

La question proposée par la Société royale.

CHAPITRE PREMIER
INTRODUCTION
1. Le problème.
2. Coup d'œil rétrospectif d'ensemble.

CHAPITRE II
CRITIQUE DU FONDEMENT DE LA MORALE PROPOSÉ PAR KANT
1. Vue d'ensemble du sujet.
2. De la forme impérative de la morale de Kant.
3. Des prétendus devoirs envers nous-mêmes, examinés en particulier.
4. Du fondement de la morale, dans Kant. Remarque.
5. Du principe premier de la morale, selon Kant.
6. Les *formes dérivées* du principe premier de la morale, selon Kant.
7. La théorie de la conscience, dans Kant.
8. La théorie du caractère intelligible et du caractère empirique, dans Kant. Théorie de la liberté. Remarque.
9. La morale de Fichte, prise comme miroir propre à grossir les défauts de la morale de Kant.

CHAPITRE III
ÉTABLISSEMENT DE LA MORALE
1. Conditions du problème.
2. Examen sceptique.
3. Les motifs *antimoraux*.
4. Le critérium des actions revêtues d'une valeur morale.
5. Détermination et démonstration du seul motif moral véritable.
6. Première vertu : la justice.
7. Seconde vertu : la charité.
8. Confirmation du fondement de la morale, tel qu'il vient d'être établi.
9. Les diversités des caractères au point de vue moral.

CHAPITRE IV
D'UNE EXPLICATION MÉTAPHYSIQUE DU FAIT PRIMORDIAL EN MORALE
1. Un éclaircissement sur cet appendice.
2. Fondement métaphysique. Jugement de la Société royale du Danemark.

ESSAI SUR LE LIBRE ARBITRE
TRADUIT ET ANNOTÉ PAR SALOMON REINACH
1 volume in-18, 3e édition, 2 fr. 50

AVERTISSEMENT
CHAPITRE PREMIER
DÉFINITIONS
1. De la liberté.
2. Réduction du concept de la liberté au concept général de l'absence de nécessité.
3. Distinction entre trois genres de nécessités.
4. Affirmation fondamentale de la liberté morale.
5. De la conscience.
6. La volonté est l'objet essentiel et même exclusif de la conscience.

CHAPITRE II
LA VOLONTÉ DEVANT LA CONSCIENCE
1. Chaque volition a un objet qui en est la cause et la matière.
2. Le témoignage de la conscience arbitre, mais notre pouvoir personnel sur nos organes.
3. L'examen de ce témoignage nous autorise donc à répondre négativement à la question de l'Académie royale : reste à confirmer cette réponse par une conclusion *à non esse ad non posse*, en démontrant la non-existence de la liberté morale.

CHAPITRE III
LA VOLONTÉ DEVANT LA PERCEPTION EXTÉRIEURE
1. Le principe de causalité, considéré comme la forme la plus générale de notre entendement.
2. Trois formes de ce principe, la causation, l'excitation et la motivation.

transformation chez les animaux supérieurs.
4. Nécessité absolue de tous les *effets*.
5. Croyance implicite des hommes à l'action nécessitante des motifs. Origine psychologique de l'illusion qui nous fait croire au libre arbitre.
6. Si l'on admet le libre arbitre, chaque action humaine est un effet sans cause.
7. Tout phénomène est le produit de deux facteurs : la cause et le caractère de l'objet modifié.
8. Les vices et les vertus sont innés.
9. Le libre arbitre implique l'hypothèse d'une existence sans essence.
10. Sophisme de Buridan.
11. Témoignages du Dante et d'Aristote.
12. Inconséquence de Leibniz et de ses imitateurs.
13. L'anticipation de l'avenir rendue impossible par le libre arbitre.

CHAPITRE IV
TOUS LES GRANDS PENSEURS SE SONT RANGÉS A L'IDÉE DÉTERMINISTE

1. Jérémie, Luther, Aristote, Cicéron.
2. Le livre des Macchabées.
3. Passage de saint Clément d'Alexandrie.
4. Opinion de saint Augustin.
5. Vanini, Hume, Kant.
6. Citations de Hobbes, Spinoza.
7. Passages de Hume et de Priestley, Voltaire.
8. Distinction de Kant entre le caractère empirique et le caractère intelligible.
9. Critique du livre de Schelling.
10. Invectives contre la philosophie de son temps.
11. Philosophie française : Maine de Biran et Victor Cousin.
12. Opinion des poètes : Shakespeare.
13. Walter Scott, Gœthe, Schiller.

CHAPITRE V
CONCLUSION ET CONSIDÉRATION PLUS HAUTE

1. Sentiment de la responsabilité morale.
2. Exposition de la doctrine de Kant.
3. Transcendantalité de la liberté morale

Appendice.

PENSÉES ET FRAGMENTS
TRADUITS PAR J. BOURDEAU
1 vol. in-18, 5e édition, 2 fr. 50

Schopenhauer n'est pas seulement le créateur d'un nouveau système de philosophie, c'est encore un moraliste curieux, un humoriste original, et un écrivain clair et accessible à tous. On l'a appelé un Montaigne allemand. On trouvera dans ces extraits le reflet du grand pessimiste avec ses boutades, son imagination démesurée, son ironie âpre, comme avec sa grande indépendance et sa parfaite sincérité.

PRÉFACE
1. Vie et opinion d'A. Schopenhauer.
2. Fragments de correspondance.

I. — DOULEURS DU MONDE

II. — L'AMOUR
1. Métaphysique de l'amour.
2. Essai sur les femmes.

III. — LA MORT
IV. — L'ART
V. — LA MORALE
VI. — PENSÉES DIVERSES
1. La religion.
2. La politique.
3. L'homme et la société.
4. Caractère des différents peuples.

LE MONDE COMME VOLONTÉ ET COMME REPRÉSENTATION
TRADUIT PAR A. BURDEAU
2 vol. in-8° : Sous presse.

— AVRIL 1885 —

ANCIENNE LIBRAIRIE GERMER BAILLIÈRE ET Cie
FÉLIX ALCAN, ÉDITEUR
108, Boulevard Saint-Germain, 108, PARIS

EXTRAIT DU CATALOGUE
MÉDECINE — SCIENCES — HISTOIRE — PHILOSOPHIE

I. — MÉDECINE ET SCIENCES.
A. — Pathologie médicale.

AXENFELD et HUCHARD. **Traité des névroses.** 2e édition, augmentée de 700 pages, par Henri Huchard, médecin des hôpitaux. 1 fort vol. in-8. 20 fr.

BARTELS. **Les maladies des reins**, traduit de l'allemand par le docteur Edelmann; avec préface et notes de M. le professeur Lépine. 1 vol. in-8, avec fig. 1884. 15 fr.

BIGOT. **Des périodes raisonnantes de l'aliénation mentale.** 1 vol. in-8. 10 fr.

BOTKIN. **Des maladies du cœur.** Leçons de clinique médicale faites à l'Université de Saint-Pétersbourg. 1 vol. in-8. 3 fr. 50

BOTKIN. **De la fièvre.** Leçons de clinique médicale faites à l'Université de Saint-Pétersbourg. 1 vol. in-8. 4 fr. 50

BOUCHARDAT. **De la glycosurie ou diabète sucré**, son traitement hygiénique, 1883, 2e édition. 1 vol. grand in-8, suivi de notes et documents sur la nature et le traitement de la goutte, la gravelle urique, sur l'oligurie, le diabète insipide avec excès d'urée, l'hippurie, la pimélorrhée, etc. 15 fr.

BOUCHUT. **Diagnostic des maladies du système nerveux par l'ophthalmoscope.** 1 vol. in-8, avec atlas colorié. 9 fr.

BOUCHUT et DESPRÉS. **Dictionnaire de médecine et de thérapeutique médicales et chirurgicales** comprenant le résumé de la médecine et de la chirurgie, les indications thérapeutiques de chaque maladie, la médecine opératoire, les accouchements, l'oculistique, l'odontotechnie, les maladies d'oreilles, l'électrisation, la matière médicale, les eaux minérales, et un formulaire spécial pour chaque maladie. 4e édition, 1883, très augmentée. 1 vol. in-4, avec 918 fig. dans le texte et 3 cartes. Br. 25 fr.; cart. 27 fr. 50; relié, 29 fr.

CORNIL et BRAULT. **Études sur la pathologie du rein.** 1 vol. in-8, avec 16 planches lithographiées hors texte, 1884. 12 fr.

CORNIL et BABES. **Les bactéries pathogènes.** Leur rôle dans l'anatomie et l'histologie pathologiques des maladies infectieuses. 1 fort vol. in-8, avec un grand nombre de figures dans le texte et 27 planches en noir et en couleur hors texte. 1885.

DAMASCHINO. **Leçons sur les maladies des voies digestives.** 1 vol. in-8, 1880. 14 fr.

DESPRÉS. **Traité théorique et pratique de la syphilis**, ou infection purulente syphilitique. 1 vol. in-8. 7 fr.

DURAND-FARDEL. **Traité pratique des maladies chroniques.** 2 vol. gr. in-8. 20 fr.

DURAND-FARDEL. **Traité des eaux minérales** de la France et de l'étranger, et de leur emploi dans les maladies chroniques, 4e édition, 1883. 1 vol. in-8. 10 fr.

DURAND-FARDEL. **Traité pratique des maladies des vieillards.** 2e édition, 1 fort gr. vol. in-8. 14 fr.

FERRIER. **De la localisation des maladies cérébrales.** Traduit de l'anglais par H.-C. DE VARIGNY, suivi d'un mémoire de MM. CHARCOT et PITRES sur les *Localisations motrices dans les hémisphères de l'écorce du cerveau.* 1 vol. in-8 et 67 fig. dans le texte. 6 fr.

GARNIER. **Dictionnaire annuel des progrès des sciences et institutions médicales**, suite et complément de tous les dictionnaires. 1 vol. in-12 de 500 pages. 20e année, 1884. 7 fr.

GINTRAC. **Traité théorique et pratique des maladies de l'appareil nerveux.** 4 vol. gr. in-8. 28 fr.

GOUBERT. **Manuel de l'art des autopsies cadavériques**, surtout dans ses applications à l'anat. pathol., accompagné d'une lettre de M. le prof. Bouillaud. In-18 de 520 pages, avec 145 figures. 6 fr.

HÉRARD et CORNIL. **De la phthisie pulmonaire**, étude anatomo-pathologique et clinique. 1 vol. in-8, avec figures dans le texte et planches coloriées 2e édition (*sous presse*).

KUNZE. **Manuel de médecine pratique**, traduit de l'allemand par M. KNOERI. 1883, 1 vol in-18. 4 fr. 50

LANCEREAUX. **Traité historique et pratique de la syphilis.** 2e édition. 1 vol. gr. in-8, avec fig. et planches color. 17 fr.

MARTINEAU. **Traité clinique des affections de l'utérus.** 1 fort vol. gr. in-8. 14 fr.

MAUDSLEY. **Le crime et la folie.** 1 vol. in-8. 5e édit. 6 fr.

MAUDSLEY. **La pathologie de l'esprit**, traduit de l'anglais par M. GERMONT. 1 vol. in-8. 10 fr.

MURCHISON. **De la fièvre typhoïde**, avec notes et introduction du docteur H. GUÉNAUD DE MUSSY. 1 vol. in-8, avec figures dans le texte et planches hors texte. 10 fr.

NIEMEYER. **Éléments de pathologie interne et de thérapeutique**, traduit de l'allemand, annoté par M. Cornil. 3e édit. franç., augmentée de notes nouvelles. 2 vol. gr. in-8. 14 fr.

ONIMUS et LEGROS. **Traité d'électricité médicale.** 1 fort vol. in-8, avec figures dans le texte. 2e édition *(sous presse).*

RILLIET et BARTHEZ. **Traité clinique et pathologique des maladies des enfants.** 3e édit. refondue et augmentée, par BARTHEZ et A. SANNÉ. Tome I, 1 fort vol. gr. in-8. 1884. 16 fr.

TARDIEU. **Manuel de pathologie et de clinique médicales.** 4e édition, corrigée et augmentée. 1 vol. gr. in-18. 8 fr.

TAYLOR. **Traité de médecine légale,** traduit sur la 7e édition anglaise, par le Dr HENRI COUTAGNE. 1881. 1 vol. gr. in-8. 15 fr.

B. — Pathologie chirurgicale.

ANGER (Benjamin). **Traité iconographique des fractures et luxations,** précédé d'une introduction par M. le professeur Velpeau. 1 fort volume in-4, avec 100 planches hors texte, coloriées, contenant 254 figures, et 127 bois intercalés dans le texte. Relié. 150 fr.

BILLROTH. **Traité de pathologie chirurgicale générale,** traduit de l'allemand, précédé d'une introd. par M. le prof. VERNEUIL. 1880, 3e tirage. 1 fort vol. gr. in-8, avec 100 fig. dans le texte. 14 fr.

DE ARLT. **Des blessures de l'œil,** considérées au point de vue pratique et médico-légal. 1 vol. in-18. 3 fr. 50

GROSS. **Manuel du brancardier.** 1 vol. in-18, avec 92 figures. 3 fr. 50

HACHE. **Études cliniques sur les cystites.** 1 vol. in-8. 3 fr. 50

JAMAIN ET TERRIER. **Manuel de petite chirurgie.** 1880, 6e édit., refondue 1 vol. gr. in-18 de 1000 pages, avec 450 fig. 9 fr.

JAMAIN ET TERRIER. **Manuel de pathologie et de clinique chirurgicales.** 3e édition. Tome I, 1 fort vol. in-18. 8 fr.

Tome II, 1 vol. in-18. 8 fr.

Tome III, 1er fascicule. 1 vol. in-18. 4 fr.

LE FORT. **La chirurgie militaire et les Sociétés de secours** en France et à l'étranger. 1 vol. gr. in-8, avec fig. 10 fr.

MAC CORMAC. **Manuel de chirurgie antiseptique,** traduit de l'anglais par M. le docteur Lutaud. 1 fort vol. in-8. 1881. 6 fr.

MALGAIGNE. **Manuel de médecine opératoire.** 8e édition, publiée par M. le professeur Léon Le Fort. 2 vol. grand in-18, avec 744 fig. dans le texte. 16 fr.

MAUNOURY et SALMON. **Manuel de l'art des accouchements,** à l'usage des élèves en médecine et des élèves sages-femmes. 3e édit. 1 vol. in-18, avec 115 grav. 7 fr.

NÉLATON. **Éléments de pathologie chirurgicale,** par M. A. Nélaton, membre de l'Institut, professeur de clinique à la Faculté de médecine, etc.

Seconde édition, complètement remaniée, revue par les Drs JAMAIN, PÉAN, DESPRÉS, GILLETTE et HORTELOUP. 6 forts vol. gr. in-8, avec 795 figures dans le texte. 82 fr.

PAGET (sir James). **Leçons de clinique chirurgicale**, traduites de l'anglais par le docteur L.-H. Petit, et précédées d'une introduction de M. le professeur Verneuil. 1 vol. grand in-8.   8 fr.

PHILLIPS. **Traité des maladies des voies urinaires.** 1 fort vol. in-8, avec 97 fig. intercalées dans le texte.   10 fr.

RICHARD. **Pratique journalière de la chirurgie.** 1 vol. gr. in-8, avec 215 fig. dans le texte. 2e édit., 1880, augmentée de chapitres inédits de l'auteur, et revue par le Dr J. Crauk. 16 fr.

ROTTENSTEIN. **Traité d'anesthésie chirurgicale**, contenant la description et les applications de la méthode anesthésique de M. Paul Bert. 1 vol. in-8, avec figures.   10 fr.

SCHWEIGGER. **Leçons d'ophthalmoscopie**, avec 3 planches lith. et des figures dans le texte. In-8 de 144 pages.   3 fr. 50

SOELBERG-WELLS. **Traité pratique des maladies des yeux.** 1 fort vol. gr. in-8, avec figures. Traduit de l'anglais.   15 fr.

TERRIER. **Éléments de pathologie chirurgicale générale** 1er fascicule : *Lésions traumatiques et leurs complications.* 1 vol. in-8.   7 fr.

VIRCHOW. **Pathologie des tumeurs**, cours professé à l'université de Berlin, traduit de l'allemand par le docteur Aronssohn.
  Tome Ier, 1 vol. gr. in-8, avec 106 fig.   12 fr.
  Tome II, 1 vol. gr. in-8, avec 74 fig.   12 fr.
  Tome III, 1 vol. gr. in-8, avec 49 fig.   12 fr.
  Tome IV (1 fascicule), 1 gr. in-8, avec figures.   4 fr. 50

YVERT. **Traité pratique et clinique des blessures du globe de l'œil**, avec introduction de M. le Dr Galezowski. 1 vol. gr. in-8.   12 fr.

C. — Thérapeutique. Pharmacie. Hygiène.

BINZ. **Abrégé de matière médicale et de thérapeutique**, traduit de l'allemand par MM. Alquier et Courbon. 1 vol. in-12 de 335 pages.   2 fr. 50

BOUCHARDAT. **Nouveau formulaire magistral**, précédé d'une Notice sur les hôpitaux de Paris, de généralités sur l'art de formuler, suivi d'un Précis sur les eaux minérales naturelles et artificielles, d'un Mémorial thérapeutique, de notions sur l'emploi des contre-poisons et sur les secours à donner aux empoisonnés et aux asphyxiés. 1884, 25e édition, revue, corrigée. 1 vol. in-18., broché, 3 fr. 50 ; cartonné 4 fr. ; relié, 4 fr. 50.

BOUCHARDAT et VIGNARDOU. **Formulaire vétérinaire**, contenant le mode d'action, l'emploi et les doses des médicaments simples et composés prescrits aux animaux domestiques par les médecins vétérinaires français et étrangers, et suivi d'un Mémorial thérapeutique 4e édit. 1 vol. in-18. (*sous presse*).

BOUCHARDAT. **Manuel de matière médicale, de thérapeutique comparée et de pharmacie.** 5e édition. 2 vol. gr. in-18.   16 fr.

BOUCHARDAT. **Annuaire de thérapeutique, de matière médicale et de pharmacie pour 1885**, contenant le résumé des travaux thérapeutiques et toxicologiques publiés pendant l'année 1884 et suivi de deux mémoires sur le *choléra asiatique* et sur l'*atténuation des virus*. 1 vol. gr. in-32. 45° année.
1 fr. 50

BOUCHARDAT. **De la glycosurie ou diabète sucré**, son traitement hygiénique. 1883, 2° édition. 1 vol. grand in-8, suivi de notes et documents sur la nature et le traitement de la goutte, la gravelle urique, sur l'oligurie, le diabète insipide avec excès d'urée, l'hippurie, la pimélorrhée, etc. 15 fr.

BOUCHARDAT. **Traité d'hygiène publique et privée**, basée sur l'étiologie. 1 fort vol. gr. in-8. 2° édition, 1883. 18 fr.

CORNIL. **Leçons élémentaires d'hygiène privée**, rédigées d'après le programme du Ministère de l'instruction publique pour les établissements d'instruction secondaire. 1 vol. in-18, avec figures. 2 fr. 50

DESCHAMPS (d'Avallon). **Compendium de pharmacie pratique**. Guide du pharmacien établi et de l'élève en cours d'études, comprenant un traité abrégé des sciences naturelles, une pharmacologie raisonnée et complète, des notions thérapeutiques, et un guide pour les préparations chimiques et les eaux minérales; un abrégé de pharmacie vétérinaire; une histoire des substances médicamenteuses, etc.; précédé d'une introduction par M. le professeur Bouchardat. 1 vol. gr. in-8 de 1160 pages environ. 20 fr.

D. — Anatomie. Physiologie. Histologie.

ALAVOINE. **Tableaux du système nerveux**. Deux grands tableaux, avec figures. 5 fr.

BAIN (Al.). **Les sens et l'intelligence**, traduit de l'anglais par M. Cazelles. 1 fort vol. in-8. 10 fr.

BASTIAN (Charlton). **Le cerveau, organe de la pensée**, chez l'homme et chez les animaux. 2 vol. in-8, avec 184 figures dans le texte. 1882. 12 fr.

BÉRAUD (B.-J.). **Atlas complet d'anatomie chirurgicale topographique**, pouvant servir de complément à tous les ouvrages d'anatomie chirurgicale, composé de 109 planches représentant plus de 200 gravures dessinées d'après nature par M. Bion, et avec texte explicatif. 1 fort vol. in-4.

Prix : fig. noires, relié, 60 fr. — Fig. coloriées, relié, 120 fr. Toutes les pièces, disséquées dans l'amphithéâtre des hôpitaux, ont été reproduites d'après nature par M. Bion, et ensuite gravées sur acier par les meilleurs artistes.

Le même ouvrage, texte anglais, même prix.

BÉRAUD (B.-J.) et ROBIN. **Manuel de physiologie de l'homme et des principaux vertébrés**. 2 vol. gr. in-18. 2° édition, entièrement refondue. 12 fr.

BÉRAUD (B.-J.) ET VELPEAU. **Manuel d'anatomie chirurgicale générale et topographique.** 2ᵉ éd. 1 vol. in-8 de 622 pages. 7 fr.

BERNARD (Claude). **Leçons sur les propriétés des tissus vivants**, avec 91 fig. dans le texte. 1 vol. in-8. 8 fr.

BERNSTEIN. **Les sens.** 1 vol. in-8 de la *Bibliothèque scient. intern.*, avec fig. 3ᵉ édit. Cart. 6 fr.

BURDON-SANDERSON, FOSTER ET BRUNTON. **Manuel du laboratoire de physiologie**, traduit de l'anglais par M. MOQUIN-TANDON. 1 vol. in-8, avec 184 figures dans le texte. 1883. 14 fr.

CORNIL ET RANVIER. **Manuel d'histologie pathologique.** 2ᵉ édition. 2 vol. in-8 avec figures dans le texte. 30 fr.

FAU. **Anatomie des formes du corps humain**, à l'usage des peintres et des sculpteurs. 1 atlas in-folio de 25 planches. Prix : fig. noires, 15 fr. — Fig. coloriées. 30 fr.

FERRIER. **Les fonctions du cerveau.** 1 vol. in-8, traduit de l'anglais par M. H.-C. de Varigny, avec 68 figures dans le texte. 10 fr.

JAMAIN. **Nouveau traité élémentaire d'anatomie descriptive et de préparations anatomiques.** 3ᵉ édition. 1 vol grand in-18 de 900 pages, avec 223 fig. intercalées dans le texte. 12 fr. — Avec figures coloriées. 40 fr.

LEYDIG. **Traité d'histologie comparée de l'homme et des animaux**, traduit de l'allemand par le docteur Lahillonne. 1 fort vol. in-8, avec 200 figures dans le texte. 15 fr.

LONGET. **Traité de physiologie.** 3ᵉ édition, 3 vol. gr. in-8, avec figures. 36 fr.

MAREY. **Du mouvement dans les fonctions de la vie.** 1 vol. in-8, avec 200 figures dans le texte. 10 fr.

RICHET (Charles). **Physiologie des muscles et des nerfs.** 1 fort vol. in-8. 1882. 15 fr.

SCHIFF. **Leçons sur la physiologie de la digestion**, faites au Muséum d'histoire naturelle de Florence. 2 vol. gr. in-8. 20 fr.

SULLY (James). **Les illusions des sens et de l'ésprit.** 1 vol. in-8, avec figures. 6 fr.

VULPIAN. **Leçons de physiologie générale et comparée du système nerveux**, faites au Muséum d'histoire naturelle, recueillies et rédigées par M. Ernest BRÉMOND. 1 vol. in-8. 10 fr.

VULPIAN. **Leçons sur l'appareil vaso-moteur** (physiologie et pathologie), recueillies par le Dʳ H. CARVILLE. 2 vol. in-8. 18 fr.

E. — Physique. Chimie. Histoire naturelle.

AGASSIZ. **De l'espèce et des classifications en zoologie.** 1 vol. in-8. 5 fr.

BERTHELOT. **La synthèse chimique.** 1 vol. in-8 de la *Bibliothèque scientifique internationale.* 4ᵉ édit. Cart. 6 fr.

BLANCHARD. **Les métamorphoses, les mœurs et les instincts des insectes**, par M. Emile Blanchard, de l'Institut, professeur au Muséum d'histoire naturelle. 1 magnifique vol. in-8 jésus, avec 160 fig. dans le texte et 40 grandes planches hors texte. 2e édit. Prix : broché, 25 fr. relié. 30 fr.

BOCQUILLON. **Manuel d'histoire naturelle médicale**. 1 vol. in-18 avec 415 fig. dans le texte. 11 fr.

COOKE et BERKELEY. **Les champignons**, avec 110 figures dans le texte. 1 vol. in-8 de la *Bibliothèque scientifique internationale*. Cart. 3e édition. 6 fr.

DARWIN. **Les récifs de corail**, leur structure et leur distribution. 1 vol. in-8, avec 3 planches hors texte, traduit de l'anglais par M. Cosserat. 8 fr.

EVANS (John). **Les âges de la pierre**. 1 beau vol. gr. in-8, avec 467 figures dans le texte. 15 fr.

EVANS (John). **L'âge du bronze**. 1 fort vol. in-8, avec 540 figures dans le texte. 15 fr.

GRÉHANT. **Manuel de physique médicale**. 1 vol. in-18, avec 469 figures dans le texte. 7 fr.

GRÉHANT. **Tableau d'analyse chimique** conduisant à la détermination de la base et de l'acide d'un sel inorganique isolé avec les couleurs carastéristiques des précipités. In-4, cart. 3 fr. 50

GRIMAUX. **Chimie organique élémentaire**. 1881, 3e édit. 1 vol. in-18, avec figures. 5 fr.

GRIMAUX. **Chimie inorganique élémentaire**. 4e édit., 1885, 1 vol. in-18, avec figures. 5 fr.

HERBERT SPENCER. **Principes de biologie**, traduit de l'anglais par M. C. Cazelles. 2 vol. in-8. 20 fr.

HUXLEY. **La physiographie**, introduction à l'étude de la nature. 1 vol. in-8 avec 128 figures dans le texte et 2 planches hors texte. 1882. 8 fr.

LUBBOCK. **Origines de la civilisation**, état primitif de l'homme et mœurs des sauvages modernes, traduit de l'anglais. 3e édition. 1 vol. in-8, avec fig. Broché, 15 fr. — Relié. 18 fr.

PISANI (F.). **Traité pratique d'analyse chimique qualitative et quantitative**, à l'usage des laboratoires de chimie. 1 vol. in-12. 1880. 3 fr. 50

PISANI et DIRVELL. **La chimie du laboratoire**. 1 vol. in-8. 1882. 4 fr.

PREYER. **Éléments de physiologie générale**. Traduit de l'allemand par J. Soury. 1 vol. in-8. 1884. 5 fr.

QUATREFAGES (DE). **Charles Darwin et ses précurseurs français**. Étude sur le transformisme. 1 vol. in-8. 5 fr.

RICHE. **Manuel de chimie médicale**. 1880. 1 vol. in-18 avec 200 fig. dans le texte. 3e édition. 8 fr.

BIBLIOTHÈQUE DE L'ÉTUDIANT EN MÉDECINE

COLLECTION D'OUVRAGES POUR LA PRÉPARATION AUX EXAMENS DU DOCTORAT, DU GRADE D'OFFICIER DE SANTÉ ET AU CONCOURS DE L'EXTERNAT ET DE L'INTERNAT

1er EXAMEN

(Physique, chimie, histoire naturelle.)

BOCQUILLON. — Manuel d'histoire naturelle médicale. 1 vol. grand in-18, avec 415 figures. 14 fr.

LE NOIR. — Histoire naturelle, avec 255 figures dans le texte. 5 fr.

GRÉHANT. — Manuel de physique médicale. 1 vol. gr. in-18, avec 469 figures dans le texte. 7 fr.

LE NOIR. — Physique élémentaire, avec 455 figures dans le texte. 6 fr.

RICHE. — Manuel de chimie médicale. 3e édit. 1880. 1 vol. in-18, avec 200 figures dans le texte. 8 fr.

GRIMAUX. — Chimie organique élémentaire. Leçons professées à la Faculté de médecine. 1 vol. in-18. 3e édition. 5 fr.

GRIMAUX. — Chimie inorganique élémentaire. 4e édit. 1 vol. in-18. 5 fr.

LE NOIR. — Chimie élémentaire. 1 vol. in-12, avec 69 fig. 3 fr. 50

PISANI. — Traité d'analyse chimique. 1 vol. in-18. 3 fr. 50

PISANI et DIRVEL. — La chimie du laboratoire. 1 vol. in-18. 4 fr.

2e EXAMEN

1re PARTIE (anatomie, histologie).

JAMAIN. — Nouveau Traité élémentaire d'anatomie descriptive et de préparations anatomiques. 3e édit. 1 vol. gr. in-18, avec 223 figures dans le texte. 12 fr.

BERNARD (Claude). — Leçons sur les propriétés des tissus vivants, faites à la Sorbonne. 1 vol. in-8, avec 90 fig. dans le texte. 8 fr.

CORNIL et RANVIER. — Manuel d'histologie pathologique. 2 vol. gr. in 8. 2e édition. 30 fr.

HOUEL. — Manuel d'anatomie pathologique générale et appliquée, contenant : la *description* et le *catalogue* du musée Dupuytren. 2e édit. 1 vol gr. in-18. 7 fr.

2e PARTIE (physiologie).

BÉRAUD et ROBIN. — Manuel de physiologie de l'homme et des principaux vertébrés, répondant à toutes les questions physiologiques du programme des examens de fin d'année. 2e édit. 2 vol. in-12. 12 fr.

LONGET. — Traité de physiologie. 2e édit. 3 vol. gr. in-8. 36 fr.

VULPIAN. — Leçons sur la physiologie générale et comparée du système nerveux, faites au Muséum d'histoire naturelle. 1 fort volume in-8. 10 fr.

BURDON-SANDERSON, FOSTER et BRUNTON. Manuel du laboratoire de physiologie. 1 vol. in-8, avec figures. 14 fr.

3ᵉ EXAMEN

1ʳᵉ PARTIE (*médecine opératoire, pathologie externe, accouchements*).

MALGAIGNE et LE FORT. — Manuel de médecine opératoire. 8ᵉ édition, avec 744 fig. dans le texte. 2 vol. gr. in-18.   16 fr.

NÉLATON. — Éléments de pathologie chirurgicale. 2ᵉ édition, revue par MM. les docteurs *Jamain, Péan, Després, Horteloup* et *Gillette*. 6 volumes gr. in-8. avec 795 figures dans le texte.   82 fr.

MAUNOURY et SALMON. — Manuel de l'art des accouchements. 3ᵉ édit. 1 vol. gr. in-18, avec 115 fig.   7 fr.

JAMAIN et TERRIER. — Manuel de petite chirurgie. 6ᵉ édit., refondue. 1 vol. gr. in-18, avec 455 fig.   9 fr.

JAMAIN et TERRIER. — Manuel de pathologie et de clinique chirurgicales. 3ᵉ édition :
Tome I. 1 vol. gr. in-18.   8 fr.
Tome II. 1 vol. in-18.   8 fr.
Tome III, 1ʳᵉ partie. 1 volume in-18.   4 fr.

BILLROTH. — Traité de pathologie chirurgicale générale, précédé d'une introduction par M. *Verneuil*. 1 fort vol. gr. in-18, avec 100 figures dans le texte.   14 fr.

VELPEAU et BERAUD. — Manuel d'anatomie chirurgicale, générale et topographique. 3ᵉ édition, 1 vol. in-8.   7 fr.

2ᵉ PARTIE (*pathologie interne, pathologie générale*).

GINTRAC. — Cours théorique et pratique de pathologie interne et de thérapie médicale. 9 vol. in-8.   63 fr.

NIEMEYER. — Éléments de pathologie interne, traduits de l'allemand, annotés par M. *Cornil*. 3ᵉ édit. française. 2 vol. gr. in-8. 14 fr.

TARDIEU. — Manuel de pathologie et de clinique médicales. 1 fort vol. in-18. 4ᵉ édit.   8 fr.

4ᵉ EXAMEN

(Hygiène, médecine légale, thérapeutique, matière médicale, pharmacologie.)

BINZ. — Abrégé de matière médicale et de thérapeutique, traduit de l'allemand par MM. Alquier et Courbon. 1 vol. in-12 de 335 pages.   2 fr. 50

BOUCHARDAT. — Manuel de matière médicale, de thérapeutique et de pharmacie. 5ᵉ édit. 2 vol. in-12.   16 fr.

CORNIL. — Leçons élémentaires d'hygiène privée. 1 vol. in-18.   2 fr. 50

BOUCHARDAT. — Traité d'hygiène publique et privée basée sur l'étiologie. 1 vol. gr. in-8. 2ᵉ édition.   18 fr.

TAYLOR. — Traité de médecine légale, traduit de l'anglais par *H. Coutagne*. 1 vol. gr. in-8. 15 fr.

BOUCHARDAT. — Nouveau formulaire magistral. 25ᵉ édition, corrigée, collationnée avec le nouveau *Codex*, revue et augmentée de formules nouvelles et d'une note sur l'alimentation dans le diabète sucré, 1 volume in-18.   3 fr. 50
Cartonné 4 fr. — Relié 4 fr. 50.

DESCHAMPS. — Manuel de pharmacie et art de formuler. 3 fr. 50.

5ᵉ EXAMEN

1ʳᵉ PARTIE (*cliniques externe, obstétricale, etc.*).

JAMAIN et TERRIER. — Manuel de pathologie et de clinique chirurgicales. 3ᵉ édition. 2 vol. et 1ᵉʳ fascic. du t. III. 20 fr.

BOUCHUT et DESPRÉS. — Dictionnaire de médecine et de thérapeutique médicale et chirurgicale, comprenant le résumé de la médecine et de la chirurgie, les indications thérapeutiques de chaque maladie, la médecine opératoire, les accouchements, l'oculistique, l'odontotechnie, les maladies d'oreilles, l'électrisation, la matière médicale, les eaux minérales, et un formulaire spécial pour chaque maladie 4ᵉ édit., 1883. 1 vol. in-4, avec 918 figures dans le texte et 3 cartes. 25 fr.

MAUNOURY et SALMON. — Manuel de l'art des accouchements à l'usage des élèves en médecine et des élèves sages-femmes. 3ᵉ édit., avec 415 figures dans le texte. 7 fr.

2ᵉ PARTIE (*clinique interne, anatomie pathologique*).

GINTRAC (E.). — Cours théorique et clinique de pathologie interne et de thérapie médicale. Tomes I à IX, 9 vol. gr. in-8. 63 fr.
 Les tomes IV et V se vendent séparément. 14 fr.
 Les tomes VI et VII (*Maladies du système nerveux*) se vendent séparément. 14 fr.
 Les tomes VIII et IX (*Maladies du système nerveux*) se vendent séparément. 14 fr.

CORNIL et RANVIER. — Manuel d'histologie pathologique. 2 vol. gr. in-8, avec de nombreuses figures dans le texte. 2ᵉ édition. 30 fr.

GOUBERT. — Manuel de l'art des autopsies cadavériques, surtout dans ses applications à l'anatomie pathologique, précédé d'une lettre de M. le professeur *Bouillaud*. 1 vol. in-8 de 500 pages, avec 145 gravures dans le texte. 6 fr.

BERTON. — **Guide et Questionnaire de tous les examens de médecine**, avec les réponses des examinateurs eux-mêmes aux questions les plus difficiles ; suivi des programmes des conférences pour l'*internat* et l'*externat*, avec de grands tableaux synoptiques inédits d'anatomie et de pathologie. 1 vol. in-18. 2ᵉ édit. 3 fr. 50

III. — BIBLIOTHÈQUE SCIENTIFIQUE INTERNATIONALE

PUBLIÉ SOUS LA DIRECTION DE M. ÉM. ALGLAVE

Volumes in-8, reliés en toile anglaise. — Prix : 6 fr.

Les mêmes, en demi-reliure d'amateur. 10 fr.

53 VOLUMES PARUS

1. J. TYNDALL. **Les glaciers et les transformat. de l'eau**, 4ᵉ éd.
2. W. BAGEHOT. **Lois scientifiques du développement des nations**, 4ᵉ édition.
3. J. MAREY. **La machine animale, locomotion terrestre et aérienne**, 2ᵉ édition, illustré.
4. A. BAIN. **L'esprit et le corps considérées au point de vue de leurs relations**, 4ᵉ édition.
5. PETTIGREW. **La locomotion chez les animaux**, illustré.
6. HERBER SPENCER. **Introd. à la science sociale**, 6ᵉ édit.
7. OSCAR SCHMIDT. **Descendance et darwinisme**, 3ᵉ édition.
8. H. MAUDSLEY. **Le crime et la folie**, 4ᵉ édition.
9. VAN BENEDEN. **Les commensaux et les parasites dans le règne animal**, 2ᵉ édition, illustré.

10. BALFOUR STEWART. La conservation de l'énergie, suivie d'une étude sur LA NATURE DE LA FORCE, par *P. de Saint-Robert*, 3e édition, illustré.
11. DRAPER. Les conflits de la science et de la religion, 7e éd.
12. Léon DUMONT. Théorie scientifique de la sensibilité 3e éd.
13. SCHUTZENBERGER. Les fermentations, 4e édition, illustré.
14. WHITNEY. La vie du langage 3e édition.
15. COOKE et BERKELEY. Les champignons, 3e éd., illustré.
16. BERNSTEIN. Les sens, 3e édition, illustré.
17. BERTHELOT. La synthèse chimique, 4e édition.
18. VOGEL. La photographie et la chimie de la lumière, 3e éd.
19. LUYS. Le cerveau et ses fonctions, 4e édition, illustré.
20. W. STANLEY JEVONS. La monnaie et le mécanisme de l'échange, 3e édition.
21. FUCHS. Les volcans et les tremblements de terre, 4e éd.
22. GÉNÉRAL BRIALMONT. La défense des États et les camps retranchés, 3e édition avec fig. et 2 pl. hors texte.
23. A. DE QUATREFAGES. L'espèce humaine, 7e édition.
24. BLASERNA et HELMHOLTZ. Le son et la musique, 2e éd.
25. ROSENTHAL. Les muscles et les nerfs, 3e édition, illustré.
26. BRUCKE et HELMHOLTZ. Principes scientifiques des beaux-arts, 3e édition, illustré.
27. WURTZ. La théorie atomique. 3e édition, illustré.
28, 29. WURTZ. Les étoiles. 2e edition, illustré.
30. N. JOLY. L'homme avant les métaux, 3e édit., illustré.
31. A. BAIN. La science de l'éducation, 4e édition.
32, 33. THURSTON et HIRSCH. Hist. de la machine à vapeur. 2e éd.
34. R. HARTMANN. Les peuples de l'Afrique, 2e édit., illustré.
35. HERBERT SPENCER. Les bases de la morale évolutionniste, 3e édition.
36. Th.-H. HUXLEY. L'écrevisse, introduction à l'étude de la zoologie, illustré.
37. DE ROBERTY. La sociologie.
38. O.-N. ROOD. Théorie scientifique des couleurs et leurs applications à l'art et à l'industrie, avec fig. et pl. hors texte.
39. DE SAPORTA et MARION. L'évolution du règne végétal (les cryptogames, illustré.
40, 41. CHARLTON-BASTIAN. Le système nerveux et la pensée. 2 vol. illustrés.
42. JAMES SULLY. Les illusions des sens et de l'esprit, illustré.
43. A. DE CANDOLLE. Origine des plantes cultivées, 2e édit.
44. YOUNG. Le Soleil, illustré.
45, 46. J. LUBBOCK. Les Fourmis, les Abeilles et les Guêpes.
47. Ed. PERRIER. La philos. zoologique avant Darwin, 2e éd.
48. STALLO. La matière et la physique moderne.
49. MANTEGAZZA. La physion. et l'expression des sentiments.
50. DE MEYER. Les organes de la parole, illustré.
51. DE LANESSAN. Introduction à la botanique. *Le sapin.*
52, 53. SAPORTA et MARION. L'évolution du règne végétal. *Les phanérogames.* 2 volumes illustrés.

IV. — BIBLIOTHÈQUE D'HISTOIRE CONTEMPORAINE.

Volumes in-18 à 3 fr. 50. — Volumes in-8 à 5 et 7 francs. Cartonnage toile, 50 c. en plus par vol. in-18, 1 fr. par vol. in-8.

EUROPE

HISTOIRE DE L'EUROPE PENDANT LA RÉVOLUTION FRANÇAISE, par *H. de Sybel*. Traduit de l'allemand par Mlle Dosquet. 4 vol. in-8 . . 28 fr

FRANCE

HISTOIRE DE LA RÉVOLUTION FRANÇAISE, par *Carlyle*. 3 vol. in-18. 10 50
LA RÉVOLUTION FRANÇAISE, par *H. Carnot*. 1 vol. in-12. Nouv. édit.. 3 50
HISTOIRE DE LA RESTAURATION, par *de Rochau*. 1 vol. in-18. . . . 3 50
HISTOIRE DE DIX ANS, par *Louis Blanc*. 5 vol. in-8. . . . . 25 »
HISTOIRE DE HUIT ANS (1840-1848), par *Elias Regnault*. 3 vol. in-8. 15 »
HISTOIRE DU SECOND EMPIRE (1848-1870), par *Taxile Delord*. 6 volumes in-8 . . . . 42 fr.
LA GUERRE DE 1870-1871, par *Boert*. 1 vol. in-18. . . . . 3 50
LA FRANCE POLITIQUE ET SOCIALE, par *Aug. Laugel*. 1 volume in-8. 5 fr.
HISTOIRE DES COLONIES FRANÇAISES, par *P. Gaffarel*. 1 vol. in-8. 3ᵉ éd. . . . . 5 fr.
L'ALGÉRIE, par *M. Wahl*. 1 vol. in-8 . . . . 5 fr.

ANGLETERRE

HISTOIRE GOUVERNEMENTALE DE L'ANGLETERRE, DEPUIS 1770 JUSQU'A 1830, par sir *G. Cornewal Lewis*, 1 vol. in-8, traduit de l'anglais . . . 7 fr.
HISTOIRE CONTEMPORAINE DE L'ANGLETERRE, depuis la mort de la reine Anne jusqu'à nos jours, par *H. Reynald*. 1 vol. in-18. 2ᵉ éd. . 3 50
LES QUATRE GEORGE, par *Thackeray*. 1 vol. in-18 . . . . 3 50
LOMBART-STREET, le marché financier en Angleterre, par *W. Bagehot*. 1 vol. in-18.. . . . . 3 50
LORD PALMERSTON ET LORD RUSSEL, par *Aug. Laugel*. 1 vol. in-18. 3 50
QUESTIONS CONSTITUTIONNELLES (1873-1878), par *E.-W. Gladstone*, précédées d'une introduction par *Albert Gigot*. 1 vol. in-8. . . . . 5 fr.

ALLEMAGNE

LA PRUSSE CONTEMPORAINE, par *K. Hillebrand*. 1 vol. in-18 . . . 3 50
HISTOIRE DE LA PRUSSE, depuis la mort de Frédéric II jusqu'à la bataille de Sadowa, par *Eug. Véron*. 1 vol. in-18. 3ᵉ éd. 3 50
HISTOIRE DE L'ALLEMAGNE, depuis la bataille de Sadowa jusqu'à nos jours, par *Eug. Véron*. 1 vol. in-18, 2ᵉ éd. 3 50
L'ALLEMAGNE CONTEMPORAINE, par *Ed. Bourloton*. 1 vol. in-18.. . 3 50

AUTRICHE-HONGRIE

HISTOIRE DE L'AUTRICHE, depuis la mort de Marie-Thérèse jusqu'à nos jours, par *L. Asseline*. 1 vol. in-18. 2ᵉ éd. 3 50
HISTOIRE DES HONGROIS, et de leur littérature politique, de 1790 à 1815, par *Ed. Sayous*. 1 vol. in-18. . . . . 3 50

ESPAGNE

HISTOIRE DE L'ESPAGNE, depuis la mort de Charles III jusqu'à nos jours, par *H. Reynald*. 1 vol. in-18. . . . . 3 50

RUSSIE

La Russie contemporaine, par *Herbert Barry*. 1 vol. in-18. . . . 3 50
Histoire contemporaine de la russie, par *M. Créhange*. 1 vol. in-18 . . . . 3 50

SUISSE

La Suisse contemporaine, par *H. Dixon*. 1 vol. in-18. . . . . . 3 50
Histoire du peuple suisse, par *Daendliker*, précédée d'une Introduction de M. *Jules Favre*. 1 vol. in-18. . . . . 5 fr.

AMÉRIQUE

Histoire de l'Amérique du Sud, par *Alf. Deberle*. 1 vol. in-18. 2ᵉ éd. 3 50
Les Etats-Unis pendant la guerre, par *Aug. Laugel*. 1 vol. in-18 . 3 50

Jules Barni. Histoire des idées morales et politiques en France au XVIIIᵉ siècle. 2 vol. in-18, chaque volume 3 50
— Napoléon Iᵉʳ et son historien M. Thiers. 1 vol. in-18. . . . 3 50
— Les Moralistes français au XVIIIᵉ siècle. 1 vol. in-18. . . . 3 50
Émile Beaussire. La guerre étrangère et la guerre civile. 1 vol. in-18. . . . . 3 50
J. Clamageran. La France républicaine. 1 volume in-18. . 3 50
E. de Laveleye. Le socialisme contemporain. 1 vol. in-18. 3ᵉ éd. 3 50
E. Despois. Le Vandalisme révolutionnaire. 1 vol. in-18. 2ᵉ éd. 3 50
M. Pellet. Variétés révolutionnaires. 1 vol. in-18 . . . . . 3 50

V. — BIBLIOTHÈQUE DE PHILOSOPHIE CONTEMPORAINE

Volumes in-18. Br., 2 fr. 50; cart. à l'angl., 3 fr.; reliés, 4 fr.

H. Taine.
Le Positivisme anglais, étude sur Stuart Mill. 2ᵉ édition.
L'Idéalisme anglais, étude sur Carlyle.
Philosophie de l'art dans les Pays-Bas. 2ᵉ édition.
Philosophie de l'art en Grèce. 2ᵉ édition.

Paul Janet.
Le Matérialisme contemp. 4ᵉ édit.
La Crise philosophique. Taine, Renan, Vacherot, Littré.
Philosophie de la Révolution française.
Le Saint-Simonisme.
Dieu, l'homme et la béatitude.
 (Œuvre inédite de Spinoza.)
Origines du socialisme contemporain.

Odysse Barrot.
Philosophie de l'histoire.

Alaux.
Philosophie de M. Cousin.

Ad. Franck.
Philosophie du droit pénal. 2ᵉ éd.
Philosophie du droit ecclésiastique.
La philosophie mystique en France au XVIIIᵉ siècle.

Beaussire.
Antécédent de l'hégélianisme dans la philosophie française.

Bost.
Le Protestantisme libéral.

Ed. Auber.
Philosophie de la médecine.

Leblais.
Matérialisme et spiritualisme.

Charles de Rémusat.
Philosophie religieuse.

Charles Lévêque.
Le Spiritualisme dans l'art.
La Science de l'invisible.

Émile Saisset.
L'Âme et la vie, suivi d'une étude sur l'Esthétique française.
Critique et histoire de la philosophie (frag. et disc.).

Auguste Laugel.
La Voix, l'Oreille et la Musique.
L'Optique et les Arts.
Les problèmes de la nature.
Les problèmes de la vie.
Les problèmes de l'âme.
Challemel-Lacour.
La philosophie individualiste.
Albert Lemoine.
Le Vitalisme et l'Animisme.
De la Physionomie et de la Parole.
L'Habitude et l'Instinct.
Milsand.
L'Esthétique anglaise.
A. Véra.
Philosophie hégélienne.
Ad. Garnier.
De la morale dans l'antiquité.
Schœbel.
Philosophie de la raison pure.
Tissandier.
Des Sciences occultes et du Spiritisme.
Ath. Coquerel fils.
Premières transformations historiques du christianisme.
La Conscience et la Foi.
Histoire du Credo.
Jules Levallois.
Déisme et Christianisme.
Camille Selden.
La Musique en Allemagne.
Fontanès.
Le Christianisme moderne.
Stuart Mill.
Auguste Comte et la philosophie positive. 3e édition.
L'Utilitarisme.
Mariano.
La Philosophie contemp. en Italie.
Salgey.
La Physique moderne. 2e tirage.
E. Faivre.
De la variabilité des espèces.
Ernest Bersot.
Libre philosophie.
Albert Réville.
Histoire du dogme de la divinité de Jésus-Christ.
W. de Fonvielle.
L'astronomie moderne.
C. Coignet.
La morale indépendante.
Et. Vacherot.
La Science et la Conscience.
E. Boutmy.
Philosophie de l'architecture en Grèce.

Herbert Spencer.
Classification des sciences. 2e édit.
L'individu contre l'Etat.
Gauckler.
Le Beau et son histoire.
Max Müller.
La science de la religion.
Bertauld.
L'ordre social et l'ordre moral.
De la philosophie sociale.
Th. Ribot.
Les maladies de la mémoire, 3e édit.
Les maladies de la volonté. 3e édit.
Les maladies de la personnalité.
Bentham et Grote.
La religion naturelle.
Hartmann.
La Religion de l'avenir. 2e édition.
Le Darwinisme. 3e édition.
H. Lotze.
Psychologie physiologique.
Schopenhauer.
Le libre arbitre. 2e édition.
Le fondement de la morale. 2e édit.
Pensées et fragments. 5e édition.
Liard.
Les Logiciens anglais contemporains. 2e édit.
Marion.
J. Locke, sa vie, son œuvre.
O. Schmidt.
Les sciences naturelles et la philosophie de l'Inconscient.
Hæckel.
Les preuves du transformisme.
Psychologie cellulaire.
Pi y Margall.
Les nationalités.
Barthélemy-Saint-Hilaire
De la métaphysique.
A. Espinas.
Philosophie expérim. en Italie.
P. Siciliani.
Psychogénie moderne.
Leopardi.
Opuscules et Pensées.
A. Lévy.
Morceaux choisis des philosophes allemands.
Roisel.
De la substance.
Zeller.
Christian Baur et l'école de Tubingue.
Stricker.
Du langage et de la musique.

Volumes in-8. Br. à 5, 7 50 et 10 fr.; cart. angl., 1 fr. de plus par vol.; rel., 2 fr.

AGASSIZ
De l'espèce et des classifications. 1 vol. in-8. 5 fr.

STUART MILL
La philosophie de Hamilton. 1 fort vol. in-8. 10 fr.
Mes mémoires. 1 vol. in-8 5 fr.
Système de logique déductive et inductive. 2 vol. in-8. 20 fr.
Essais sur la Religion. 1 vol. in-8, 2e édit. 5 fr.

DE QUATREFAGES
Ch. Darwin et ses précurseurs français. 1 vol. in-8. 5 fr.

HERBERT SPENCER
Les premiers principes. 1 fort vol in-8. 10 fr.
Principes de psychologie, 2 vol. in-8. 20 fr.
Principes de biologie. 2 vol. in-8. 20 fr.
Principes de sociologie. 3 vol. in-8. 32 fr 50
Essais sur le progrès. 1 vol. in-8. 7 fr. 50
Essais de politique. 1 vol. in-8, 2e édit. 7 fr. 50
Essais scientifiques. 1 vol. in-8 7 fr. 50
De l'éducation physique, intellectuelle et morale. 1 volume in-8, 5e édition. 5 fr.
Introduction à la science sociale. 1 vol. in-8, 6e édit. 6 fr.
Les bases de la morale évolutionniste. 1 vol. in 8, 3e éd 6 fr.
Classification des sciences. 1 vol. in-18, 2e édition. 2 fr. 50
L'individu contre l'État. 1 vol. in-18. 2 fr. 50

AUGUSTE LAUGEL
Les problèmes (les problèmes de la nature, problèmes de la vie, problèmes de l'âme). 1 fort vol. in-8. 7 fr. 50

ÉMILE SAIGEY
Les sciences au XVIIIe siècle. La physique de Voltaire. 1 vol. in-8. 5 fr.

PAUL JANET
Les causes finales. 1 vol. in-8, 2e édition. 10 fr.

TH. RIBOT
L'hérédité psychologique. 1 vol. in-8, 2e édition. 7 fr. 50
La psychologie anglaise contemporaine. 1 vol., 3e éd. 7 fr. 50
La psychologie allemande contemporaine. 1 vol., 2e éd. 7 fr. 50

ALF. FOUILLÉE
La liberté et le déterminisme. 1 vol. in-8, 2e édit. 7 fr. 50
Critique des systèmes de morale contemporains. 1 vol. in-8. 1883. 7 fr. 50

DE LAVELEYE
De la propriété et de ses formes primitives. 1 vol. in-8. 7 fr. 50

BAIN (ALEX.)
La logique inductive et déductive. 2 vol. in-8, 2e édit. 20 fr.
Les sens et l'intelligence. 1 vol. in-8. 10 fr.
L'esprit et le corps. 1 vol. in-8, 4e édit. 6 fr.
La science de l'éducation. 1 vol. in-8, 4e édit. 6 fr.
Les émotions et la volonté. 1 fort vol. 10 fr.

MATTHEW ARNOLD
La crise religieuse. 1 vol. in-8. 7 fr. 50

BARDOUX
Les légistes, leur influence sur la société française. 1 vol. 5 fr.

ESPINAS (ALF.)
Des sociétés animales. 1 vol. in-8, 2ᵉ édition.   7 fr. 50

FLINT
La philosophie de l'histoire en France. 1 vol. in-8.   7 fr. 50
La philosophie de l'histoire en Allemagne. 1 vol. in-8.   7 fr. 50

LIARD
La science positive et la métaphysique. 1 vol. in-8.   7 fr. 50
Descartes. 1 vol. in-8.   5 fr.

GUYAU
La morale anglaise contemporaine. 1 vol. in-8, 2ᵉ éd.   7 fr 50
Les problèmes de l'esthétique contemporaine. 1 vol. in-8.   5 fr.
Esquisse d'une morale sans obligation ni sanction. 1 vol. in-8.   5 fr.

HUXLEY
Hume, sa vie, sa philosophie. 1 vol. in-8.   5 fr.

E. NAVILLE
La physique moderne. 1 vol. in-18.   5 fr.
La logique de l'hypothèse. 1 vol. in-8   5 fr.

ET. VACHEROT
Essais de philosophie critique. 1 vol. in-8.   7 fr. 50
La religion. 1 vol. in-8.   7 fr. 50

MARION
La solidarité morale. 1 vol. in-8, 2ᵉ édit.   5 fr.

SCHOPENHAUER
Aphorismes sur la sagesse dans la vie. 1 vol. in-8.   5 fr.
De la quadruple racine du principe de la raison suffisante. 1 vol. in-8   5 fr.

BERTRAND (A.)
L'aperception du corps humain par la conscience. 1 v. in-8.   5 fr.

JAMES SULLY
Le pessimisme. 1 vol. in-8.   7 fr. 50

BUCHNER
Science et nature. 1 vol. in-8, 2ᵉ édition.   7 fr. 50

EGGER (V.)
La parole intérieure. 1 vol. in-8.   5 fr.

LOUIS FERRI
La psychologie de l'association, depuis Hobbes jusqu'à nos jours. 1 vol. in-8.   7 fr. 50

MAUDSLEY
La pathologie de l'esprit. 1 vol. in-8.   10 fr.

SÉAILLES
Essai sur le génie dans l'art. 1 vol. in-8.   5 fr.

CH. RICHET
L'homme et l'intelligence. 1 vol. in-8.   10 fr.

PREYER
Éléments de physiologie. 1 vol. in-8.   5 fr.

WUNDT
Éléments de psychologie physiologique. 2 vol. in-8.   20 fr.

E. BEAUSSIRE
Les principes de la morale. 1 vol. in-8.   5 fr.

www.ingramcontent.com/pod-product-compliance
Lightning Source LLC
Chambersburg PA
CBHW060131170426
43198CB00010B/1125